Geflüchtete Menschen psychosozial
unterstützen und begleiten

Herausgegeben von

Maximiliane Brandmaier
Barbara Bräutigam
Silke Birgitta Gahleitner
Dorothea Zimmermann

Maximiliane Brandmaier / Lisa Friedmann

Menschenrechtsbasierte Soziale Arbeit in Sammelunterkünften

Widersprüche – Handlungsgrenzen – Handlungsmöglichkeiten

Vandenhoeck & Ruprecht

Bibliografische Information der Deutschen Nationalbibliothek:
Die Deutsche Nationalbibliothek verzeichnet diese Publikation in der
Deutschen Nationalbibliografie; detaillierte bibliografische Daten sind
im Internet über https://dnb.de abrufbar.

© 2019, Vandenhoeck & Ruprecht GmbH & Co. KG,
Theaterstraße 13, D-37073 Göttingen
Alle Rechte vorbehalten. Das Werk und seine Teile sind urheberrechtlich
geschützt. Jede Verwertung in anderen als den gesetzlich zugelassenen Fällen
bedarf der vorherigen schriftlichen Einwilligung des Verlages.

Umschlagabbildung: Nadine Scherer

Satz und Layout: SchwabScantechnik, Göttingen
Druck und Bindung: ⊕ Hubert & Co. BuchPartner, Göttingen
Printed in the EU

Vandenhoeck & Ruprecht Verlag | www.vandenhoeck-ruprecht-verlage.com

ISSN 2625-6436
ISBN 978-3-525-40676-2

Inhalt

Geleitwort der Reihenherausgeberinnen 7

1 Problemaufriss 11

2 Was hat Soziale Arbeit mit
  Menschenrechten zu tun? 15

3 Rechtliche Grundlagen der
  Unterbringungspraxis 19
  3.1 Rechtliche Rahmenbedingungen
      zur Unterbringung und Versorgung 19
  3.2 Typen von Sammelunterkünften und
      Trägerschaftsmodelle 21
  3.3 Relevante Gesetzesgrundlagen für die
      Soziale Arbeit in Sammelunterkünften ... 32

4 Sammelunterkünfte als totale Institutionen ... 41
  4.1 Psychosoziale Folgen und Problemlagen
      im Kontext der Sammelunterbringung 41
  4.2 Was macht eine Sammelunterkunft
      zur totalen Institution? 43
  4.3 Dynamiken und Machtverhältnisse 47

5 Widersprüche und Handlungsgrenzen
  in der Sozialen Arbeit 51
  5.1 Begrenzte Ressourcen und überhöhte
      Erwartungen 54
  5.2 Hilfe und Kontrolle 57
  5.3 Der Umgang mit Widersprüchen 62

6 Reflexive menschenrechtsbasierte Soziale Arbeit 66

6.1 Gestaltung der strukturellen Rahmenbedingungen der Sozialen Arbeit in Sammelunterkünften 67

6.2 Haltung und Reflexion als Grundvoraussetzungen menschenrechtsbasierter Sozialer Arbeit 70

6.3 Traumapädagogische Kompetenzen und Sensibilität für psychosoziale Belastungsfaktoren 73

6.4 Partizipation 81

6.5 Empowerment 82

6.6 Kernkompetenzen 86

6.7 Das Menschenrechtsmandat in der Sozialen Arbeit in Sammelunterkünften ... 88

7 »No Lager!« – Abschließende Gedanken 96

Literatur 100

Abkürzungsverzeichnis 108

Geleitwort der Reihenherausgeberinnen

»Nachdem ich totale Probleme mit der Schule hatte, sagten sie, ich hätte keine Chancen, hier weiterzukommen. Dann war ich bei Walid. Der hat mir auch gesagt: ›Deine Chancen sind so klein in Deutschland‹, weil ich auch nur eine Duldung hatte. Aber Walid hat mich motiviert. Ich war sehr, sehr traurig, ich war richtig kaputt, ich dachte: ›Jetzt passiert gar nichts‹, aber er sagte: ›Ich bleib bei dir, ich unterstütze dich, wir machen das und das, komm zu der Gruppe.‹ Das ist das, was er macht. Ja, genauso macht er das. Egal, auch wenn er noch keinen Weg weiß, er sagt dir immer: ›Wir finden einen Weg.‹ Und langsam, langsam finden wir dann auch einen. Aber dann gibt es die anderen Sozialarbeiterinnen, die sagen das nicht und die machen das auch nicht« (Autor*innenkollektiv »Jugendliche ohne Grenzen«, 2018, S. 61).

Im Herbst 2018 erschien in der Fluchtaspekte-Buchreihe der Band »Zwischen Barrieren, Träumen und Selbstorganisation – Erfahrungen junger Geflüchteter«, verfasst von einem Autor*innenkollektiv, in dem sich Mitglieder der Selbstorganisation »Jugendliche ohne Grenzen« versammelt hatten und in einem kreativen, intensiven Austausch ihre Erfahrungen, u. a. auch mit Sozialarbeiter*innen in der Jugendhilfe, festhielten. Das gewählte Zitat spiegelt nicht nur die unterschiedlichen Erfahrungen wider, die im Kontakt mit Sozialarbeitenden gemacht werden, sondern veranschaulicht auch, wie wertvoll es ist, in einer Situation, in der die Betroffenen täglich mit Gefühlen von Hoffnungs- und Perspektivlosigkeit zu kämpfen haben, jemanden zu kennen, der oder die sagt: »Es gibt Hoffnung. Wir finden einen Weg«. Gerade durch ein ressourcenorientiertes, parteiliches Vorgehen kann Soziale Arbeit zusammen mit den (sehr heterogenen) Adressat*innen viele Potenziale zu Tage fördern.

Der vorliegende Band der Sozialarbeiterin Lisa Friedmann und der Psychologin Maximiliane Brandmaier befasst sich nicht direkt mit dem Feld der Jugendhilfe – wenngleich Praktiker*innen vielleicht viele Parallelen z. B. zu Clearing-Stellen oder anderen Einrichtungen für minderjährige Geflüchtete feststellen werden. Die beiden Autorinnen haben sich seit mehreren Jahren in Praxis und Forschung mit dem Thema Sammelunterkünfte für geflüchtete Menschen auseinandergesetzt. Dabei beschäftigte sie immer wieder die Frage, wie in diesen Institutionen, in denen das Kontrollmandat in der Sozialen Arbeit so viel Gewicht hat, und Trägerorganisationen, die möglicherweise auch staatliche Interessen teilen, dennoch parteiliche, auf Menschenrechten basierende (psycho-)soziale Unterstützung geleistet werden kann. Diese Frage treibt erfahrungsgemäß viele Praktiker*innen um, die täglich erleben, dass die Rahmenbedingungen dem Ideal oft entgegenstehen. Gerade deshalb ist es wichtig, die Strukturen der Institutionen zu verstehen, die begünstigen, bestimmte Rollen einzunehmen und die den Handlungsspielraum begrenzen. Ihre Analysen und Schlussfolgerungen haben die Autorinnen nun für diesen Band aufbereitet, um damit für Sozialarbeitende Anregungen für Reflexion und Praxis zu geben. Damit kann das Buch auch Sicherheit verleihen, nach den eigenen moralischen Maßstäben zu handeln, selbst wenn die Rahmenbedingungen den Eindruck vermitteln, dass dies nicht möglich sei. Wir wünschen Ihnen eine erkenntnisreiche Lektüre.

Dorothea Zimmermann
Barbara Bräutigam
Silke Birgitta Gahleitner

1 Problemaufriss

Soziale Arbeit in Sammelunterkünften ist seit dem Jahr 2015, häufig als »langer Sommer der Migration« bezeichnet, ein erneut wachsendes Beschäftigungsfeld, nicht nur für Sozialarbeitende[1] sondern auch für berufliche Quereinsteiger*innen. Inhaltlich ist es ein sehr vielfältiges Arbeitsfeld, das sich von Kinder- und Elternarbeit über psychosoziale Beratung und Rechtsberatung hin zur Betreuung Ehrenamtlicher erstreckt (vgl. Wahl, 2018). Hier wäre zwar einerseits viel Unterstützung möglich, andererseits führen institutionelle Dynamiken, sich widersprechende Mandate und die dauerhafte Unsicherheit und Prekarität der Lebenssituation der Adressat*innen dazu, dass der Arbeitsalltag vielfach kraftraubend und frustrierend ist.

Dieses Buch schöpft aus zahlreichen Gesprächen mit Sozialarbeitenden und anderen (psycho-)sozialen Fachkräften sowie aus eigener Erfahrung.[2] Im Vordergrund steht eine Analyse und Reflexion des Felds der Sozialen Arbeit in Sammelunterkünften. Dabei soll es keine Handlungsanleitung für eine menschenrechtsbasierte Soziale Arbeit geben, vielmehr soll dazu ermutigt werden, die eigene Praxis vor einem theoretischen Hintergrund zu

---

1 Zur einfacheren Lesbarkeit wird hier die Bezeichnung Sozialarbeitende gewählt, wobei Sozialpädagog*innen und andere (psycho-)soziale Fachkräfte mitgemeint sind.
2 Die Zitate und Fallbeispiele stammen, wenn nicht anders gekennzeichnet, entweder aus eigener beruflicher Erfahrung oder aus eigenen wissenschaftlichen Arbeiten (Brandmaier, 2019; Brülke, Friedmann u. Kohlbrenner, 2019).

reflektieren, der sich aus kritischer Sozialer Arbeit und kritischer Sozialpsychologie speist, sowie das eigene Handeln an menschenrechtlichen Prinzipien und einer ressourcenorientierten, parteilichen Perspektive auszurichten. Eine Möglichkeit einer menschenrechtsbasierten Sozialen Arbeit bietet das Konzept des Tripelmandats nach Staub-Bernasconi. Dieses geht einerseits von der Wissenschaftsbasierung der Sozialen Arbeit aus und bezieht sich andererseits auf (internationale) berufsethische Vorgaben der Berufsverbände für Sozialarbeitende (vgl. Kapitel 2).

Eine Soziale Arbeit, die auf die Erweiterung der Handlungsfähigkeit und an Menschenrechten ausgerichtet ist, wird getragen von fundiertem Wissen um die Regelungen des Asyl- und Sozialrechts, der jeweiligen Landes- und kommunalen Gesetzgebung sowie internationalen menschenrechtlichen und anderen völkerrechtlichen Konventionen. Mit welchen Bedingungen sieht sich die Soziale Arbeit in Sammelunterkünften konfrontiert? Auf lokaler Ebene stellt sich die Situation von Geflüchteten in Deutschland häufig sehr unterschiedlich dar, so dass der in Kapitel 3 gegebene Überblick zwangsläufig grob bleiben muss. Die Lebensbedingungen von Geflüchteten in Sammelunterkünften sind nicht nur stark reglementiert und beschränkt durch die rechtlichen Vorgaben, Sammelunterkünfte entfalten ihrer Natur nach als »totale Institutionen« weitere Beschränkungen der Handlungsfähigkeit im Lebensumfeld und im Alltagsleben. Das Konzept der totalen Institution wurde vom kanadisch-amerikanischen Soziologen Erving Goffman (1973) in einer Studie über die Dynamiken und Strukturen in einer Psychiatrie und die Beziehungen zwischen den unterschiedlichen Akteur*innen (Insassen, Personal) entwickelt. Es dient häufig als Ausgangspunkt für die Analyse der Strukturen in Sammelunterkünften, wenngleich die Übertragbarkeit von Goffmans Beobachtungen und Analysen auf die Situation von

Geflüchteten in Sammelunterkünften unterschiedlich bewertet wird (vgl. Brandmaier, 2019; Eichinger u. Schäuble, 2019; Pieper, 2008; Täubig, 2009). Unter totalen Institutionen werden ursprünglich – mehr oder weniger geschlossene – Einrichtungen verstanden, in denen die dort lebenden Menschen ein von Autoritäten formal reglementiertes, von der Außenwelt weitgehend abgeschnittenes Leben führen (z. B. Waisenhäuser, Psychiatrien, Gefängnisse, Kasernen, Arbeits- oder Konzentrationslager, Klöster). Üblicherweise finden alltägliche Aktivitäten der zentralen Lebensbereiche wie Arbeit, Freizeit, Regeneration, Reproduktion etc. an unterschiedlichen Orten statt – in totalen Institutionen ist all dies an einem Ort konzentriert. Die in Kapitel 4 dargestellten Grundzüge von totalen Institutionen bilden, neben den zuvor dargestellten rechtlichen Rahmenbedingungen, die Grundlage für die Praxisreflexion der Handlungsbeschränkungen und -möglichkeiten der Sozialen Arbeit in Sammelunterkünften in den darauffolgenden Kapiteln.

Da das Leben und die Unterbringung asylsuchender Menschen so stark reguliert und reglementiert ist, kommt Soziale Arbeit hier notwendigerweise an ihre Grenzen. Die unterschiedlichen an Sozialarbeitende herangetragenen Mandate stehen teilweise im Widerspruch zueinander, was sich in der alltäglichen Praxis als Überlastung, Frustration etc. manifestieren kann. Sich dieser Widersprüche und Handlungsgrenzen bewusst zu werden, ist Ziel des fünften Kapitels. Welche Handlungsmöglichkeiten trotz allem dennoch bestehen, und in welchem Rahmen eine Soziale Arbeit möglich ist, die auf die Erweiterung der Handlungsfähigkeit der Adressat*innen ausgerichtet ist, ist Gegenstand des sechsten Kapitels. Da die Lebensbedingungen in Sammelunterkünften selbst Probleme verursachen, die dann wiederum Gegenstand sozialarbeiterischer Interventionen werden, widmet sich das letzte Kapitel der

Forderung nach alternativen, dezentralen Wohnformen für geflüchtete Menschen und mehr Selbstbestimmung in der alltäglichen Lebensführung.

Eine kurze Erläuterung wird hier zur Klärung der Begrifflichkeiten noch vorangestellt: Während bis in die 1980er Jahre hinein der Begriff »Flüchtlingslager« auch in Deutschland geläufig war, so wird er heute im wissenschaftlichen und gesellschaftlichen Mainstream-Diskurs vorrangig für große Lager außerhalb bzw. an den Grenzen der EU benutzt. Allerdings kennzeichnen gerade das Provisorische in der Lebens- und Rechtssituation und der materiellen und baulichen Ausstattung – stark beengter Wohnraum, fehlende Privatsphäre, räumliche Verwahrlosung – sowie die Kontrollmöglichkeiten eine Unterkunft als »Lager« (Augé, 2014; Pieper, 2008). Dabei bezieht sich das Provisorium nicht auf die tatsächliche Dauer des Aufenthalts, die zuweilen Jahre betragen kann: Barackenbauten, ehemalige Kasernen, Hotels, Container oder Pavillons haben diesen Lagercharakter schon äußerlich, es gibt jedoch auch Sammelunterkünfte, in denen z. B. Familien ein eigener abgeschlossener Wohnbereich zur Verfügung steht. Um die Vielfalt der vorfindbaren Unterbringungsformen hier abzubilden, eignet sich der Begriff der Sammelunterkunft, der dennoch nicht in euphemistischer Weise, wie z. B. »Gemeinschaftsunterkunft« oder »Heim«, eine irgendwie geartete Gemeinschaft oder ein Zuhause suggeriert, sondern schlicht eine »zur Unterbringung einer größeren Anzahl von Menschen dienende Unterkunft« bezeichnet (Duden Online).

2 Was hat Soziale Arbeit mit Menschenrechten zu tun?

Michel Agier (2016) veranschaulicht mit dem Buchtitel »Managing the undesirables« – die Unerwünschten verwalten – den Kern der weltweiten Tendenz, fliehende und geflohene Menschen in Lagern unterzubringen: Es geht dabei vorrangig um die *Verwaltung* geflüchteter (von staatlicher Seite *unerwünscht* eingereister) Menschen, *nicht* um menschenwürdiges, an den individuellen Bedürfnissen ausgerichtetes Wohnen und Leben. Besonders von migrantischen Selbstorganisationen (z. B. Women in Exile, The Voice Refugee Forum) und NGOs (wie z. B. Pro Asyl, den Flüchtlingsräten oder dem Institut für Menschenrechte) werden seit Jahren die Zustände in und Charakteristika von Sammelunterkünften kritisiert, die ganz besonders auf die sogenannten AnkER-Zentren (»Zentren für Ankunft, Entscheidung und Rückführung«; vgl. Kapitel 3.2) zutreffen:
- die für Wohnzwecke ungeeignete Architektur,
- die baulichen und hygienischen Zustände,
- die Enge und fehlende Privatsphäre,
- die meist marginale und isolierte Lage an Stadträndern, in Industriegebieten oder auf dem Land
- und der unzureichende Schutz besonders vulnerabler Menschen
- sowie wiederholte Fälle von Gewalt und Diskriminierung durch Angehörige des Personals.

Die Lebensbedingungen in Sammelunterkünften können auch die Entstehung und Verschlimmerung psychischer und körperlicher Erkrankungen zur Folge haben (vgl. für einen Überblick über den aktuellen Forschungsstand: Brandmaier, 2019; Johansson, 2015).

Menschen, die ins Ausland flüchten mussten, befinden sich häufig in äußerst prekären Lebensumständen. Auch in Deutschland werden sie in vielerlei Hinsicht vulnerabilisiert und abhängig *gemacht:* Zum einen verfügen sie nur über eingeschränkte Rechte und zum anderen liegt ihre Unterbringung und (materielle) Versorgung meist in den Händen anderer. Die Gefahr, dass hierbei Macht missbraucht und Rechte beschnitten oder gar verletzt werden, ist besonders hoch. Menschenrechte spielen als Universalrechte eine bedeutende Rolle, da sie für *alle* Menschen allgemeingültig und unveräußerlich gelten, als Menschenrechtskonventionen sind sie auch in nationalen Gesetzen verankert worden (vgl. Kapitel 3).

Der Bezug auf Menschenrechte kann insbesondere für Sozialarbeitende in Sammelunterkünften eine wichtige Ressource sein, da es sich hier um einen Lebensraum handelt, in dem zentrale Grundbedürfnisse und Menschenrechte häufig verletzt sowie Bewohner*innen viktimisiert werden (Prasad, 2018b) und in dem die der Sozialen Arbeit ohnehin innewohnenden Mandats- und Interessenkonflikte besonders deutlich hervortreten (vgl. Muy, 2016a-c, 2018; Pieper, 2011; Stemberger, Katsilevaris u. Zirkowitsch, 2014). Sozialarbeitende sind in Sammelunterkünften Zeug*innen, Akteur*innen und Schlüsselfiguren (in) der Lebensrealität von geflüchteten Personen; sie können aber auch zu (Mit-)Täter*innen werden, wenn es zu Machtmissbrauch, Rechte- und Grenzverletzungen kommt. Aus diesen Gründen empfiehlt sich eine reflektierte, professionelle Haltung, die sich nicht nur an professionstheoretischem Wissen, sondern besonders auch an ethischen Grundwerten und Menschenrechten orientiert und damit einen Bezugsrahmen für die sozialarbeiterische Tätigkeit bietet (vgl. Eichinger u.

Schäuble, 2018; Müller, Volkmann u. Wiedemann, 2018; Wahl, 2018).

Sozialer Arbeit wohnen prinzipiell mehrere Aufträge inne: Einerseits der staatliche Auftrag, andererseits die Aufträge der Adressat*innen – beide zusammen ergeben das sogenannte Doppelmandat (Erath, 2006). Laut Nivedita Prasad ist die Wirkungskraft des Doppelmandats insbesondere dann jedoch limitiert und der Handlungsspielraum von Sozialarbeitenden erheblich eingeschränkt, »wenn das Mandat vonseiten der Klient_innen im Widerspruch zum Auftrag des Staates/Auftraggebenden steht« (Prasad, 2018b, S. 9). Ein Ausweg aus dem Dilemma des Doppelmandats bietet die Forderung Silvia Staub-Bernasconis (2008), sich aus der Profession heraus selbst zu mandatieren. Die Bezugnahme auf Menschenrechte, (sozial)wissenschaftliche Theorien und Methoden sowie auf internationale professionsethische Vorgaben der Berufsverbände ermöglicht, Soziale Arbeit als Menschenrechtsprofession zu verstehen.

Nach der globalen Definition der International Federation of Social Work (IFSW) hat Soziale Arbeit »die Förderung des sozialen Wandels, der sozialen Entwicklung und des sozialen Zusammenhalts sowie die Stärkung und Befreiung der Menschen«[3] zum Ziel, wobei sie von Prinzipien der sozialen Gerechtigkeit, der Achtung der Vielfalt, einer gemeinsamen Verantwortung und eben auch den Menschenrechten geleitet wird. Laut dem Ethischen Kodex der National Association of Social Work (NASW) ist der primäre Auftrag Sozialer Arbeit die Steigerung des in-

---

3   Die deutschsprachige Übersetzung der »Global Definition of Social Work« des DBSH (Deutscher Berufsverband für Soziale Arbeit e. V.) ist verfügbar unter: https://www.dbsh.de/fileadmin/downloads/%C3 %9Cbersetzung_der_Definiton_Sozialer_Arbeit_deutsch.pdf [Zugriff: 19.05.2019].

dividuellen Wohls in einem bestimmten sozialen Kontext aber auch des gesellschaftlichen Wohls, wobei besonders den Bedürfnissen und dem Empowerment von Menschen in schwierigen Lebensverhältnissen (z. B. Schutzbedürftigkeit/Verletzlichkeit, Unterdrückung, Armut) Aufmerksamkeit geschenkt werden soll: »Fundamental to social work is attention to the environmental forces that create, contribute to, and address problems in living. Social workers promote social justice and social change with and on behalf of clients.«[4] Soziale Arbeit soll Menschen helfen, existenzielle Herausforderungen zu bewältigen und damit dazu beitragen, dass das individuelle Wohlergehen verbessert wird.

In der Praxis gilt es also, neben der Bezugnahme auf professionstheoretisches Wissen auch Menschenrechte und internationale Ethik-Kodizes als Bezugsrahmen für sozialarbeiterisches Handeln zu nutzen. Sie dienen dabei als Orientierungsrahmen und Analyseinstrument für die Lebenswelt von Adressat*innen und damit als Argumentationsstütze für sozialarbeiterisches Handeln. Sie können sowohl als Bezugsrahmen eine Antwort auf die Frage nach dem Umgang mit Dilemmata und mandatswidrigen Forderungen geben, als auch Menschenrechtsverletzungen sichtbar machen. Dadurch eröffnen sich Handlungsmöglichkeiten, um dagegen vorzugehen (Prasad, 2018a, 2018b). Hierfür besteht u. a. die Möglichkeit, das Schutzsystem der UN-Menschenrechte als »effektives Machtmittel« (Prasad, 2018b, S. 9.) zu nutzen, um Lebensbedingungen von Adressat*innen auf individueller und struktureller Ebene zu verbessern.

---

4 https://www.socialworkers.org/About/Ethics/Code-of-Ethics/Code-of-Ethics-English [Zugriff: 19.05.2019].

3 Rechtliche Grundlagen der Unterbringungspraxis

Sobald geflüchtete Personen ein Asylgesuch in Deutschland stellen, greifen spezifische Gesetze, die ihre Unterbringung und materielle Versorgung regeln. Die Grundlagen für das Recht auf Asyl, für Schutzregelungen und -rechte von Geflüchteten ergeben sich dabei sowohl aus nationaler als auch aus internationaler Rechtsprechung. Hierzu zählen nationale Gesetze sowie europäische und völkerrechtliche Verträge und Richtlinien. Im Folgenden werden zunächst die rechtlichen Rahmenbedingungen der Unterbringung dargestellt sowie ein Überblick über die unterschiedlichen Arten der Unterbringung gegeben. Anschließend wird auf rechtliche Aspekte eingegangen, die insbesondere für die sozialarbeiterische Praxis relevant sind.

3.1 Rechtliche Rahmenbedingungen zur Unterbringung und Versorgung

Neben der Gewährung von Geld- und Sachleistungen (materielle Versorgung) nach dem Asylbewerberleistungsgesetz (AsylbLG) tragen die einzelnen Bundesländer die Verantwortung für die Unterbringung von Menschen im Asylverfahren. Geregelt ist die Unterbringung in § 44 AsylG (Asylgesetz). Dieses verpflichtet die Bundesländer

> »erforderliche [...] Aufnahmeeinrichtungen zu schaffen und zu erhalten sowie entsprechend ihrer Aufnahmequote die im Hinblick auf den monatlichen Zugang Asylbegehrender in den Aufnahmeeinrichtungen

notwendige Zahl von Unterbringungsplätzen bereitzustellen.«

Für die Aufnahmequote wird nach dem Prinzip des Königsteiner Schlüssels (§ 45 AsylG) vorgegangen, der anhand der Steuereinnahmen und der Bevölkerungszahl jedes Bundeslandes im vorangegangenen Kalenderjahr errechnet wird. Mittels des EDV-Systems EASY (Erstverteilung von Asylbegehrenden) werden Asylsuchende unter Berücksichtigung des Königsteiner Schlüssels sowie des Herkunftslandes einer bestimmten Aufnahmeeinrichtung zugewiesen.[5] Bei den in § 44 AsylG erwähnten Aufnahmeeinrichtungen handelt es sich um Landesaufnahmeeinrichtungen (LAE), in denen geflüchtete Personen, die einen Asylantrag stellen, verpflichtend »bis zu sechs Wochen, längstens jedoch bis zu sechs Monaten« (§ 47 AsylG) wohnen müssen. Der Paragraf regelt darüber hinaus, dass Personen aus sicheren Herkunftsländern »bis zur Entscheidung des Bundesamtes über den Asylantrag und im Falle der Ablehnung des Asylantrags […] bis zur Ausreise oder bis zum Vollzug der Abschiebungsandrohung oder -anordnung« (§ 47 AsylG) in den Erstaufnahmeeinrichtungen (EAE) verpflichtend wohnhaft bleiben müssen. Diese Regelung entfällt jedoch u. a., sofern die Abschiebung kurzfristig nicht möglich ist (§ 49 Abs. 1 AsylG).

Das Asylgesetz regelt außerdem die Beendigung der Verpflichtung des Wohnens (§ 48) sowie die Entlassung aus den Erstaufnahmeeinrichtungen (§ 49). Die anschließende landesinterne Verteilung und weitere Unterbringung wird ebenfalls im Asylgesetz geregelt (§§ 50–53 AsylG). Paragraf 53 dekretiert dabei die Unterbringung in sogenannten Gemeinschaftsunterkünften (GU). Er stellt

---

5 http://www.bamf.de/DE/Fluechtlingsschutz/AblaufAsylv/Erstverteilung/erstverteilung-node.html [Zugriff: 29.05.2019].

eine Sollvorschrift dar, wonach Personen im Asylverfahren *in der Regel* in Gemeinschaftsunterkünften untergebracht werden *sollen*, aber nicht zwingend *müssen*. Hier ergänzt § 53 Abs. 2 die Möglichkeit der Unterbringung in einer »anderweitige[n] Unterkunft« – wie beispielsweise einer Wohnung – sofern dies keine Mehrkosten für die »öffentliche Hand«, also die leistungsbringende Behörde, verursacht. Als Richtwert hierfür lassen sich grundsätzlich die ländereigenen sozialhilferechtlichen Angemessenheitsgrenzen für die Übernahme von Wohnkosten (Miete und Heizkosten) für Personen im Leistungsbezug heranziehen.

> Mehr zum Thema: Wer sich näher zu den Kostenerstattungsverfahren der Länder informieren möchte, findet im Bericht von Kay Wendel (2014) ab S. 18 eine ausführliche Auflistung und Erläuterung.

3.2 Typen von Sammelunterkünften und Trägerschaftsmodelle

Nach Auskunft des Bundesamts für Migration und Flüchtlinge (BAMF) gibt es vier verschiedene Arten von Unterbringungseinrichtungen für Menschen im laufenden Asylverfahren, die jeweils strukturelle Besonderheiten aufweisen:
- Landesaufnahmeeinrichtungen (LAE),
- Gemeinschaftsunterkünfte (GU),
- Einrichtungen für besonders schutzbedürftige Personen,
- dezentrale Unterbringung, meistens in Wohnungen (Müller, 2013).

In der Regel werden für die Trägerschaft der Unterkünfte privatgewerbliche oder gemeinnützige Dienstleister beauftragt, die die Bewohner*innen der Unterkünfte betreuen. Zu den privatgewerblichen Trägern gehören nationale und internationale Wirtschaftsunternehmen.[6] In einigen Bundesländern werden Sammelunterkünfte zudem von landeseigenen Trägern unterhalten und verwaltet (Wendel, 2014). Das Betreiben durch privatwirtschaftliche Unternehmen birgt Studien zufolge grundsätzliche Konfliktfelder (vgl. Bauer, 2017): So fehlt den Kommunen die Einflussnahme auf die Art der Führung, die Organisation und Verwaltung sowie die Belegung der Unterkünfte, was auch die Auswahl des (qualifizierten) Betreuungspersonals umfasst. Zudem dürfen die Betreibenden sowohl den Bewohner*innen der Unterkunft als auch Besuchenden Hausverbote erteilen.

1. Landesaufnahmeeinrichtungen

Die Landesaufnahmeeinrichtungen (LAE) existieren in den jeweiligen Bundesländern als Erstaufnahmeeinrichtungen (EAE), Aufnahmeeinrichtungen (AE) oder als Zentren für Ankunft, Entscheidung und Rückführung (AnkER-Zentren). Letztere wurden 2018 durch den Koalitionsvertrag der Bundesregierung beschlossen (Bundesregierung, 2018) und sind in der Regel an die Außenstellen des Bundesamts für Migration und Flüchtlinge (BAMF) angeschlossen, wo unter der Bündelung verschiedener Beteiligter (hierzu zählen laut Koalitionsvertrag das BAMF, Jugendämter, Ausländerbehörden und Justiz) die Asylanträge nach § 13 AsylG gestellt und die Asylverfahren

---

6 Z. B. das häufig unter Kritik stehende Essener Unternehmen European Homecare GmbH (s. http://taz.de/Machtmissbrauch-in-Unterkuenften/!5460056/ [Zugriff: 29.05.2019]), aber auch ausländische Firmen, wie z. B. der norwegische Dienstleister Hero Norge AS (https://www.berliner-zeitung.de/berlin/ueberraschende-entscheidung-norweger-betreiben-jetzt-fluechtlingsheime-in-berlin-26284044 [Zugriff: 29.05.2019]).

nach §§ 23 ff. AsylG durchgeführt werden. Dabei wird eine Beschleunigung der Verfahren bzw. eine schnellstmögliche Rückführung in das Herkunftsland fokussiert.[7] Die Unterbringung in den AnkER-Zentren soll laut Koalitionsvertrag 18 Monate nicht überschreiten; für Familien mit Kindern sind maximal sechs Monate zumutbar (Bundesregierung, 2018). Die 18-Monate-Regelung ist jedoch rechtswidrig, da das AsylG eine Unterbringung in Erstaufnahmeeinrichtungen bis maximal sechs Monate vorschreibt, abgesehen von Personen aus den sogenannten sicheren Herkunftsländern, die verpflichtet sind, bis zur Entscheidung des Bundesamtes über ihren Antrag in der für ihre Aufnahme zuständigen Aufnahmeeinrichtung zu wohnen.[8] Die AnkER-Einrichtungen werden von zahlreichen NGOs und auch Wissenschaftler*innen kritisiert. So kamen etwa die Autor*innen einer Kurzstudie des Mediendiensts Integration zu dem Schluss, dass AnkER-Zentren »zur weitgehenden Isolation und zu hohen Belastungen bei Geflüchteten führen, was deren soziale und berufliche Integration erschwert« (Hess, Pott, Schamann, Scherr u. Schiffauer, 2018, S. 2). Darüber hinaus gibt es den Vorwurf, dass sich AnkER-Zentren »in eine Serie staatlicher Abschreckungsmaßnahmen einreihen [lassen], die den ungeeigneten Versuch darstellen, auf Fluchtmigration durch den Abbau vermeintlicher Pull-Faktoren und den Ausbau staatlicher Kontrolle steuernd einzuwirken« (Schader, Rohmann u. Münch, 2018, S. 103). Gegen

---

7 Siehe Grafik des BAMF zum Modell-Verfahren AnkER-Einrichtungen zum Start am 01.08.2018. Verfügbar unter: http://www.bamf.de/SharedDocs/Bilder/DE/Content/BAMF/AktuelleMeldungen/180801-start-anker-einrichtungen/modellverfahren-anker.png?__blob=poster&v=3 [Zugriff am 07.05.2019].
8 Vgl.: http://www.bamf.de/DE/Fluechtlingsschutz/Sonderverfahren/SichereHerkunftsstaaten/sichere-herkunftsstaaten-node.html [Zugriff am 25.04.2019].

die Einrichtung von AnkER-Zentren wendeten sich in Stellungnahmen zahlreiche Fachverbände und NGOs (z. B. BumF – Bundesfachverband unbegleitete minderjährige Flüchtlinge e. V., Bundesweite Arbeitsgemeinschaft Psychosozialer Zentren für Flüchtlinge und Folteropfer e. V., Flüchtlingsräte Bayern und Niedersachsen). Die strukturellen Eigenschaften von LAE liegen insbesondere darin, dass sie auf die Unterbringung einer Vielzahl an Menschen angelegt sind, d. h. mit Mehrbettzimmern, Gemeinschaftsräumen, -küchen und -sanitärräumen. Sie weisen je nach Standort zum Teil erhebliche Unterschiede auf. Welches Bundesland, ob städtische oder ländliche Region, entscheidet maßgeblich darüber, wie LAEs ausgestattet sind, da dort u. a. verschiedene Systeme der Aufnahme und Unterbringung vorherrschen.

> So verfügt Nordrhein-Westfalen etwa über ein dreistufiges Landesaufnahmesystem, das Asylsuchende in der folgenden Reihenfolge durchlaufen müssen: 1. Landeserstaufnahmeeinrichtung (LEA), 2. Erstaufnahmeeinrichtung (EAE) und 3. Zentrale Unterbringungseinrichtung (ZUE). Im Vergleich dazu werden in Hessen Asylsuchende nach der Pflichtzeit in der EAE direkt auf die Kommunen verteilt. Zwischenstufen der Erstaufnahme existieren nicht.[9]

Bei der Zimmervergabe innerhalb der LAEs muss die Familieneinheit gewahrt werden, allein reisende Personen müssen sich ihren Wohnraum mit anderen Personen in Mehrbettzimmern teilen. Bei der Zuweisung und Vertei-

---

9 Quellen: vgl. https://www.frnrw.de/themen-a-z/unterbringung-von-fluechtlingen/unterbringung-auf-landesebene/landesaufnahmesystem-in-nrw.html und https://rp-giessen.hessen.de/soziales/asylangelegenheiten/erstaufnahmeeinrichtung-des-landes-hessen [Zugriff: 31.05.2019].

lung werden weitere Verwandte im Bundesgebiet nicht berücksichtigt, was für allein reisende volljährige Personen bedeutet, dass für sie nicht das Recht besteht, in der Nähe von anderen Familienmitgliedern untergebracht zu werden (Wendel, 2014). Für unbegleitete geflüchtete Kinder und Jugendliche gilt diese Regelung nicht (vgl. § 42 a Abs. 5 Gesetz zur Verbesserung der Unterbringung, Versorgung und Betreuung ausländischer Kinder und Jugendlicher, S. 2).

Während der Unterbringung in einer LAE unterliegen Asylsuchende restriktiven Gesetzesvorgaben des AsylG und AsylbLG. Hierzu zählen u. a.:
- die Residenzpflicht (§ 56 Abs. 1 AsylG),
- ein absolutes Arbeitsverbot (§ 61 Abs. 1 AsylG), das jedoch nach drei Monaten erlischt, außer für Personen aus sogenannten sicheren Herkunftsstaaten (§ 61 Abs. 2 S. 3 AsylG),
- das Sachleistungsprinzip (§ 3 AsylbLG) mit Vollverpflegung, Kleidungsgutscheinen und Taschengeld. Das Sachleistungsprinzip während der Unterbringung in der EAE verhindert zudem die Anmietung einer Wohnung.

2. Gemeinschaftsunterkünfte (GU)

Nach Ablauf der Wohnpflicht in der LAE werden Geflüchtete, die sich noch im Asylverfahren befinden oder mit einer Duldung leben – abgesehen von Personen aus den sogenannten sicheren Herkunftsländern – in Folgeunterkünfte, den Gemeinschaftsunterkünften (GU), auf Städte und Kommunen verteilt. Dies gilt auch für anerkannte Geflüchtete, d. h. für Personen, die einen Aufenthaltstitel erhalten haben im Sinne des AsylG bzw. des Art. 16a GG (vgl. Ronte, 2018, S. 16 ff.), wenn sie keinen eigenen Wohnraum finden konnten. Denn mit der Anerkennung eines Aufenthaltstitels besteht grundsätzlich die Erlaubnis, aus einer Aufnahmeeinrichtung auszuziehen (§ 48 Nr. 2 AsylG).

Verteilung und Unterbringung in GU sind dabei weitgehend nach den Vorgaben des jeweiligen Bundeslands geregelt. Nach § 50 Abs. 4 AsylG bedarf es bei der Entscheidung über die Verteilung weder einer Anhörung der betroffenen Person noch einer Begründung. Individuelle Wünsche bezüglich des Zuweisungsortes (etwa aufgrund des nahegelegenen Wohnortes von Verwandten) bleiben daher unberücksichtigt. Ausschließlich die Familieneinheit (Kernfamilie) oder andere vergleichbare humanitäre Gründe (z. B. schwere Traumatisierung oder Krankheit; vgl. Praxistipp in Ronte, 2018, S. 44) können bzw. sollten bei der Entscheidung, welcher GU eine Person zugewiesen wird, berücksichtigt werden.

Wie in den LAE variieren auch in GU die Wohn- und Unterbringungsbedingungen sehr stark, u. a. da für sie rechtlich keine spezifischen Vorgaben verankert sind. Laut Wendel (2014) schreibt zwar die Hälfte der Bundesländer an der Menschenwürde orientierte Mindeststandards für das Betreiben einer GU vor, die andere Hälfte verzichtet jedoch auf diese. Die Mindeststandards beziehen sich z. B. auf den pro Person mindestens zur Verfügung zu stellenden Raum in Quadratmetern und auf die Dienstleistungsangebote der Unterkunftsbetreibenden, wie Sozialberatung, Freizeitangebote, Kinderbetreuung etc. Aber auch die Ausstattung und das Vorhandensein bestimmter Räumlichkeiten – wie etwa Gemeinschaftsräume, Frauen-, Kinder- und Gebetsräume – sind zum Teil in der Aufführung der Mindeststandards zu finden. Darüber hinaus schreiben einige Bundesländer für die GU Schutzkonzepte, wie Gewalt- und Kinderschutz, sowie Beschwerdemanagement vor.[10]

---

10 Vgl. als Beispiel die Mindeststandards Berlins (verfügbar unter: http://fluechtlingsrat-berlin.de/wp-content/uploads/Qualitaetsanforderungen_LAF_Dez2016.pdf [Zugriff: 29.05.2019]) oder

Die Unterbringung in einer GU ist im Allgemeinen auf längere Dauer ausgerichtet. Hier können sich die Bewohner*innen im Gegensatz zu EAE meist selbst verpflegen, überwiegend in Gemeinschaftsküchen. In welchem Zustand sich eine GU befindet und wie sie in die sozialräumliche Umgebung eingebettet ist, hängt maßgeblich von ihrer Lage im Ort und den zuständigen Betreibenden ab (Wendel, 2014). Studien zu GU verdeutlichen das hohe Konfliktpotenzial, das sie bieten: So befinden sich GU häufig in einem schlechten baulichen Zustand und in isolierter örtlicher Lage, was die Kommunikation mit der einheimischen Nachbarschaft erschwert; Menschen unterschiedlicher Herkunft sind zur gemeinschaftlichen Benutzung von Küchen, Sanitäranlagen und Mehrbettzimmern gezwungen; es herrscht räumliche Enge, Lärm und eingeschränkte Privatsphäre (Bauer, 2017).

Mit der steigenden Anzahl an Asylsuchenden ab Ende 2014 kam es zu Überforderungen der Behörden und Engpässen bei der Versorgung und Unterbringung der Neuangekommenen, da zu wenig Unterbringungsplätze zur Verfügung standen. So mussten in kurzer Zeit schnellstmöglich weitere Unterbringungsmöglichkeiten geschaffen werden. Aus dieser Krisenlage heraus wurden sogenannte Notunterkünfte (NU) in ehemaligen Kasernen, Sporthallen, Schulen, Schiffen, Messehallen, Hotels, Hostels, ehemaligen Gewerberäumen, aber auch in Zeltstädten, Flugzeughangars und Containerdörfern errichtet. Hierbei spielten die strukturellen und ökonomischen Ressourcen der Städte und Kommunen eine erhebliche Rolle. Die Lebensbedingungen der Bewohner*innen in den NU wurden von vielen Seiten heftig kritisiert und skandali-

---

Brandenburgs (verfügbar unter: https://bravors.brandenburg.de/verwaltungsvorschriften/aufnahme2006 [Zugriff am 08.05.2019].

siert,[11] vor allem weil Menschen dort monate- bis jahrelang auf engstem Raum, unter hoher Lärmbelästigung und teilweise unter katastrophalen hygienischen Bedingungen sowie ohne adäquate Berücksichtigung ihrer gesundheitlichen Verfassung und sozialen Situation leben mussten. So betrieb z. B. das Land Berlin trotz massiver Kritik bis Ende April 2019 ein Ankunftszentrum in den ehemaligen Flugzeughangars des stillgelegten Flughafens Berlin-Tempelhof, das aufgrund seiner Beschaffenheit von Nichtregierungsorganisationen als menschenunwürdig deklariert wurde.[12]

3. Unterkünfte für besonders Schutzbedürftige

Die Identifizierung sowie die Versorgung und Unterbringung von besonders schutzbedürftigen Personen wird in der sogenannten EU-Aufnahmerichtlinie[13] geregelt. Als besonders schutzbedürftige Personen definiert Art. 21 der EU-Aufnahmerichtlinie folgende Personen:
- Minderjährige,
- unbegleitete Minderjährige,
- behinderte Menschen,

---

11 Vgl. Pro Asyl (2017) sowie den Offenen Brief von Berliner Willkommensinitiativen und Unterstützer*innen aus dem Jahr 2016 (verfügbar unter: http://www.fluechtlingsrat-berlin.de/wp-content/uploads/29112016_Offener_Brief_Schliessung_der_Turnhallen.pdf [Zugriff: 29.05.2019]).
12 Vgl. die Pressemitteilungen des Flüchtlingsrats Berlin vom 14.05.2018 und 15.07.2018: http://fluechtlingsrat-berlin.de/aktuelles/presse/
13 Vollständiger Titel: »Richtlinie 2003/9/EG des Rates vom 27. Januar 2003 zur Festlegung von Mindestnormen für die Aufnahme von Asylbewerbern in den Mitgliedstaaten« sowie der Neufassung: »Richtlinie 2013/33/EU des europäischen Parlaments und des Rates vom 26. Juni 2013 zur Festlegung von Normen für die Aufnahme von Personen, die internationalen Schutz beantragen«.

- ältere Menschen,
- schwangere Frauen,
- alleinerziehende Personen mit minderjährigen Kindern,
- Opfer von Menschenhandel,
- Personen mit schweren körperlichen Erkrankungen,
- Personen mit psychischen Störungen,
- Personen, die Folter, Vergewaltigung oder sonstige schwere Formen psychischer, physischer oder sexueller Gewalt erlitten haben, wie z. B. Opfer von Genitalverstümmelung.

Die EU-Richtlinie wurde in Bezug auf die Art und Weise ihrer Umsetzung nicht in nationalem Recht verankert und muss daher von den Bundesländern unmittelbar angewandt, d. h. umgesetzt werden (für die Anwendung von nationaler, europäischer und internationaler Rechtsprechung s. Ronte, 2018, S. 16 ff.). Neben der Identifizierung besonders schutzbedürftiger Personen innerhalb einer nicht näher ausgeführten »bestimmten Frist« (Art. 17 und Art. 22 Richtlinie 2013/33/EU) gelten insbesondere für die Gruppe der Minderjährigen sowie der Opfer von Folter und Gewalt spezielle Regelungen in Bezug auf die Unterbringung. So soll bei der Unterbringung Minderjähriger sowohl auf familiäre Umstände Rücksicht genommen werden, d. h. die gemeinsame Unterbringung mit Eltern, Geschwistern oder mit der die Vormundschaft innehabenden Person, als auch die Möglichkeit von »Freizeitbeschäftigungen einschließlich altersgerechter Spiel- und Erholungsmöglichkeiten in den Räumlichkeiten« (Art. 23 Abs. 3 Richtlinie 2013/33/EU) der Unterkunft gewährleistet werden. Für unbegleitete bzw. allein reisende Kinder und Jugendliche gelten außerdem die Regelungen des Haager Minderjährigenschutzabkommens (MSA) vom 5. Oktober 1961 sowie der Kinderrechtskonvention (CRC) vom 20. November 1989, die im Achten Sozialgesetzbuch (SGB VIII) in Form der Inhobhutnahme sowie eines spezifischen Clearingverfahrens Eingang in nationales Recht fanden (Wendel, 2014). Nach SGB VIII müssen allein reisende Kinder und Jugendliche in speziellen, dem Kindeswohl dienenden Einrichtungen untergebracht werden, in der Regel mit pädagogischer Betreuung, oder aber bei erwachsenen Verwandten oder Pflegefamilien (Art. 24 Abs. 2 Richtlinie 2013/33/EU). Unter Umständen ist es möglich, dass unbegleitete Jugendliche ab 16 Jahren in Sammelunterkünften untergebracht werden, sofern es dem Kindeswohl nicht entgegensteht (Art. 24 Abs. 2 Richtlinie 2013/33/EU).

> Mehr zum Thema: Aus Platzgründen wird an dieser Stelle nicht weiter auf die Unterbringung von allein reisenden Kindern und Jugendlichen eingegangen. Nähere Infos hierzu sind auf der Website des Bundesfachverbands für unbegleitete minderjährige Flüchtlinge (www.b-umf.de) zu finden.

Betroffenen von Folter und Gewalt soll der Zugang zu einer »adäquaten medizinischen und psychologischen Behandlung oder Betreuung« ermöglicht werden (Art. 25 Abs. 1 Richtlinie 2013/33/EU). Die materielle und gesundheitliche Versorgung erfolgt im Rahmen der Paragrafen 4 und 6 AsylbLG (Ronte, 2018; Gudd, 2013).

Die Umsetzung der EU-Aufnahmerichtlinie erscheint in der Praxis bis dato defizitär. So weisen viele Bundesländer zwar adäquate Konzepte für die Unterbringung unbegleiteter Minderjähriger vor, nicht aber für andere vulnerable Gruppen (für eine detaillierte Ausführung zur Unterbringung von besonders Schutzbedürftigen s. Wendel, 2014). Als eines von wenigen Bundesländern erarbeitete Berlin für bisher vernachlässigte Personengruppen Konzepte, so erkennt das Land Berlin als einziges Bundesland z. B. Personen als schutzbedürftig an, die der Personengruppe der LSBTIQ (lesbische, schwule, bisexuelle, transsexuelle, transgender, intersexuelle und queere Menschen) angehören und hat hierzu einen Leitfaden veröffentlicht, der nahebringt, wie eine solche besondere Schutzbedürftigkeit ausgelotet werden kann (vgl. Senatsverwaltung, 2018). Dadurch können Geflüchtete der LSBTIQ-Personengruppe in speziellen Unterkünften untergebracht werden, in denen sie besonderen Schutz erfahren (Senatsverwaltung, 2018).[14] Gleiches gilt in Berlin für geflüchtete Frauen, die ebenfalls in extra für sie vorgesehenen Unterkünften einquartiert werden können.

Bis 2015 ging der Trend in Deutschland dazu, geflüchtete Menschen dezentral unterzubringen und damit einhergehend Sammelunterkünfte zu schließen, wie z. B. nach dem Leverkusener Modell (Schillings u. Märtens, 2015). Diese Entwicklung ging jedoch mit den steigenden Asylantragszahlen und der daraus entstehenden Notwendigkeit kurzfristiger Lösungen im Sinne von Notunterkünften sowie der schrittweisen Verschärfung der Asylgesetzgebung und der Flüchtlingspolitik ab 2015 wieder zurück. Zwar konzipieren Kommunen mittlerweile Unterkunftskonzepte, die für ein langfristigeres Wohnen geeignet sind, wie z. B. »MUF – Modulare Unterkünfte«[15] in Berlin, doch stehen diesen die restriktiven Wohnverpflichtungen in den AnkER-Zentren gegenüber, in denen die sogenannte Bleibeperspektive der Menschen ausschlaggebend für eine zukünftige Wohnform ist.

---

14 Vgl. Hinweis auf 7-Punkte-Plan im »Berliner Modell für die Unterstützung von LSBTI Geflüchteten« auf der Homepage der Senatsverwaltung für Justiz, Verbraucherschutz und Antidiskriminierung: https://www.berlin.de/sen/lads/schwerpunkte/gefluechtete/lsbti-gefluechtete/ [Zugriff am 13.05.2019].
15 Vgl. Landesamt für Flüchtlingsangelegenheiten, Stand Juni 2018: https://www.berlin.de/laf/wohnen/allgemeine-informationen/modulare-unterkuenfte/ [Zugriff: 29.05.2019].

3.3 Relevante Gesetzesgrundlagen für die Soziale Arbeit in Sammelunterkünften

Wie zu Beginn des Kapitels erwähnt, ist das Asylrecht nicht nur von nationalen Normen bestimmt, sondern auch von europäischen Regelungen und völkerrechtlichen Verträgen und Menschenrechtskonventionen (Ronte, 2018). Im Folgenden wird daher ein kurzer Überblick über relevante Gesetzesgrundlagen gegeben, die für Sozialarbeitende in der Praxis von Bedeutung sind. Die Unterscheidung erfolgt dabei in nationale und internationale Rechtsprechung sowie Menschenrechtsdokumente.

> Mehr zum Thema Rechtsnormen und deren Anwendung finden Sie verständlich aufbereitet im Band von Lena Ronte (2018) in der Reihe Fluchtaspekte. Eine detaillierte Einführung in Menschenrechte findet sich z. B. bei Fremuth (2015).

Nationale Rechtsprechung

Nationale Rechtsgrundlagen beeinflussen das Leben von geflüchteten Menschen wesentlich und spielen daher auch in der sozialarbeiterischen Praxis in Sammelunterkünften eine zentrale Rolle. Für Deutschland sind es im Besonderen diese Gesetzestexte:
- das Grundgesetz für die Bundesrepublik Deutschland, das als deutsche Verfassung in der Praxis der Sozialarbeit zwar eher eine Nebenrolle einnimmt, dennoch als zentrale Grundlage nicht ungenannt bleiben soll;
- das Asylgesetz (AsylG), das den Ablauf des Asylverfahren regelt;
- das Aufenthaltsgesetz (AufenthG), das über den Aufenthalt, die Erwerbstätigkeit sowie die Integration von Personen ohne deutsche Staatsbürgerschaft bestimmt;

- das Asylbewerberleistungsgesetz (AsylbLG), das Regelungen über die materielle, finanzielle sowie gesundheitliche Versorgung und Unterbringung von geflüchteten und geduldeten Personen enthält.

Mit der Heterogenität der Bewohner*innen in Sammelunterkünften variieren die Anliegen und Themen, mit denen Sozialarbeitende in der Alltagspraxis konfrontiert sind. Weitere rechtliche Bezugsquellen sind daher notwendig. Wo für Geduldete oder Personen im laufenden Asylverfahren das AsylbLG die Unterbringung und Versorgung regelt, greifen für Personen mit Aufenthaltstitel die allgemeinen Sozialhilfegesetze (SGB). Folgende SGB-Hauptwerke sind dabei besonders relevant für die Sozialarbeitspraxis:
- das Zweite Sozialgesetzbuch (SGB II) im Rahmen des Leistungsbezuges für erwerbsfähige Erwerbslose (Stichwort: Hartz IV),
- das Achte Sozialgesetzbuch (SGB VIII) im Kontext der Kinder- und Jugendhilfe (Stichwort: Hilfe zur Erziehung),
- das Zwölfte Sozialgesetzbuch (SGB XII) in Bezug auf Personen mit alters- oder krankheitsbedingter Erwerbsminderung oder Erwerbsunfähigkeit sowie für behinderte und pflegebedürftige Personen (Stichwort: Sozialhilfe).

Internationale Rechtsnormen

Neben dem nationalen Recht sind im Asylrecht auch Gesetzesgrundlagen auf internationaler Ebene von großer Bedeutung. Als Mitglied der Europäischen Union unterliegt Deutschland den Verordnungen und Richtlinien des Gemeinsamen Europäischen Asylsystems (GEAS). Dieses legt EU-weite Mindeststandards für die Durchführung der

Asylverfahren sowie die Unterbringung und Versorgung von Asylsuchenden fest. Zu den für die alltägliche Sozialarbeitspraxis relevantesten Verordnungen zählen:
- die Dublin-III-Verordnung, die denjenigen EU-Staat bestimmt, der für die Durchführung des individuellen Asylverfahrens zuständig ist;
- die Eurodac-Verordnung, die mittels der Identifizierung von Fingerabdrücken die Dublin-III-Verordnung unterstützt.

In der Praxis entscheiden diese Verordnungen grundlegend über den Verbleib der den Asylantrag stellenden Person und deren weitere Zukunft in Deutschland.[16] So wird bei einem »Eurodac-Treffer« das »Dublin-Verfahren« eingeleitet, was für die Sozialarbeitenden in der Regel bedeutet, anwaltliche Hilfe für die betroffenen Personen zu organisieren, sofern sie nicht in das Land des Eurodac-Treffers zurück möchten.[17] Mögliche Gründe, weshalb Personen nicht mehr zurück in das Land des Eurodac-Treffers möchten, liegen in katastrophalen Zuständen der Unterkünfte, mangelhafter Grundversorgung (Italien, Spanien),[18] Zwangsaufenthalten in Gefängnissen (Bulgarien, Grie-

---

16 Weitere Richtlinien, die dem GEAS angehören, sind die Aufnahmerichtlinie, Asylverfahrensrichtlinie und Qualifikationsrichtlinie. Für eine nähere Erläuterung siehe: Die Beauftragte der Bundesregierung für Migration, Flüchtlinge und Integration (2019).
17 Praxistipps hierzu finden sich sowohl bei Ronte (2018) als auch z. B. auf der Homepage von Pro Asyl: https://www.proasyl.de/wp-content/uploads/2015/12/Dublin_Ratgeber_Erste_Hilfe_2015.pdf [Zugriff: 31.05.2019].
18 Siehe hierzu die Berichte von Pro Asyl über die EU-Außenpolitik: https://www.proasyl.de/thema/eu-asylpolitik/ sowie die Länderberichte 2017/2018 von Amnesty International, z. B. zu Italien: https://www.amnesty.de/jahresbericht/2018/italien [Zugriff am 20.07.2019].

chenland, Ungarn)[19] und Transitzonen (Ungarn),[20] oder aber darin, dass die Betroffenen das jeweilige Land lediglich auf dem Weg zu ihrem Zielland passierten.

Eine wichtige Bedeutung hat zudem die Europäische Grundrechtecharta (EU-Grundrechtecharta). Sie regelt die bürgerlichen, politischen, wirtschaftlichen und sozialen Rechte und Freiheiten derjenigen Personen, die in der Europäischen Union leben, u. a. basierend auf den anerkannten Rechten und Grundfreiheiten der Europäischen Menschenrechtskonvention (Europäisches Parlament, 2019). Die EU-Grundrechtecharta ist deshalb so wichtig, da sie – genauso wie die GEAS-Verordnungen und -Richtlinien – über dem nationalen Verfassungsrecht steht und dadurch den sogenannten Anwendungsvorrang genießt (Ronte, 2018). In der täglichen Sozialarbeitspraxis in Sammelunterkünften spielt sie allerdings, ähnlich wie das deutsche Grundgesetz, eher eine Nebenrolle.

Völkerrechtliche Verträge

Neben den dargestellten europäischen Rechtsnormen ist in der Praxis besonders eine völkerrechtliche Konvention bedeutsam: die Genfer Flüchtlingskonvention (GFK).[21] Sie gilt als wichtigstes internationales Dokument zur Regelung des Schutzes von Geflüchteten. Sie definiert, wer »ein Flüchtling ist, welchen rechtlichen Schutz, welche Hilfe und welche sozialen Rechte sie oder er von den Unter-

---

19 Siehe hierzu die Berichte von Bordermonitoring: https://bordermonitoring.eu/berichte/2019-querung-des-kanals/ [Zugriff am 20.07.2019].
20 Siehe hierzu den Länderreport 2017/2018 von Amnesty International: https://www.amnesty.de/jahresbericht/2018/ungarn#section-1728129 [Zugriff am 20.07.2019].
21 Offizieller Name: »Abkommen über die Rechte der Flüchtlinge« vom 28.07.1951.

zeichnerstaaten erhalten sollte« (GFK). In der Praxis taucht die GFK vor allem im Bescheid des BAMFs hinsichtlich der Zuerkennung der Flüchtlingseigenschaft (»GFK-Flüchtling«) oder der Ablehnung auf. Auch im Aufenthaltstitel der als GFK anerkannten Personen steht hinter dem Anerkennungsparagrafen § 25 Abs. 2 Satz 1 Alternative 1 AufenthG ein GFK in Klammern.

Völkerrechtliche Verträge werden zwischen zwei oder mehreren Staaten zur Regelung bestimmter Fragen abgeschlossen (vgl. auch Ronte, 2018). Ursprünglich wurden dabei die Staaten nicht in die Pflicht genommen, die Rechte von Menschen zu wahren. Das moderne Völkerrecht jedoch erkennt Menschen als Inhaber*innen subjektiver (Menschen-)Rechte an (Fremuth, 2015). Weitere Konventionen, Abkommen, Pakte, Deklarationen und Verträge im Sinne des Völkerrechts sind z. B. die Menschenrechtskonventionen.

Weitere Menschenrechtsdokumente

Auch wenn in der täglichen Praxis wahrscheinlich wenig Bezug zu Menschenrechten sichtbar ist, können diese dennoch einen wichtigen Orientierungsrahmen darstellen. Viele Regelungen internationaler Menschenrechtskonventionen sind bereits in deutsches Recht umgeschrieben und dadurch in der nationalen Rechtsprechung verankert worden. So sind etwa der Schutzartikel der Kinderrechtskonvention[22] im SGB VIII verankert und Regelungen zur Sicherung der Behindertenrechtskonvention[23]

---

22 Offizieller Name: »Übereinkommen über die Rechte des Kindes (Convention on the Rights of the Child, CRC)«.
23 Offizieller Name: »Übereinkommen über die Rechte von Menschen mit Behinderungen« (Convention on the Rights of Persons with Disabilities — CRPD).

finden sich im SGB XII wieder. Allein die Kenntnis und ein Überblickswissen über menschenrechtliche Pakte und Konventionen können eine Stütze im Alltag darstellen. Im Kontext von Sammelunterkünften haben es Sozialarbeitende häufig mit Menschen zu tun, deren Menschenrechte auf vielfältige Weise verletzt oder beschnitten wurden. Folter, sexueller Missbrauch, Ausbeutung etc. stellen gravierende Verstöße gegen eine Vielzahl von Menschen- und Grundrechten dar, wie z. B. das Recht auf körperliche Integrität und Unversehrtheit.

Diejenigen Staaten, die eine Menschenrechtskonvention unterzeichneten und ratifizierten, verpflichten sich damit auch zur Einhaltung der darin vereinbarten Rechte. Doch was sind Menschenrechte überhaupt?

> Eine Kurzformel nach Fremuth (2015, S. 23) definiert sie wie folgt:
> »Menschenrechte sind die allen Menschen kraft Geburt zustehenden, egalitären und vorstaatlichen Rechte, die auf Achtung, Schutz und Erfüllung an staatliche oder überstaatliche Hoheitsgewalt gerichtet sind. Sie beanspruchen universelle Geltung, sind unveräußerlich, unteilbar und interdependent«.

Die relevanten Begriffe werden hier kurz in Rückgriff auf Fremuth (2015) erläutert:

Staaten, aber auch die Europäische Union, werden als Inhaber von Hoheitsgewalt verstanden, d. h. dass einseitig rechtlich verbindliche Anordnungen erlassen und durchgesetzt werden können. Dabei sind Staaten aber auch vorrangige Adressaten von Menschenrechten. Den Staaten obliegt also die Schutzpflicht zur Wahrung und Achtung der Menschenrechte. Als supranationale Organisation mit eigenständiger Hoheitsgewalt hat etwa die EU das Recht, EU-Gesetzen den nationalen Gesetzen Vorrang zu gewähren (S. 33). Die EU hat zudem mit der Europäischen Menschenrechtskonvention (EMRK) den ersten verbindlichen Völkerrechtsvertrag überhaupt geschlossen (vgl. S. 581).

Als *vorstaatlich* versteht man dabei die Gewährleistung der Menschenrechte; sie stehen nicht zur Disposition. Dies bedeutet einerseits, dass der Staat verpflichtet ist, Menschenrechte zu schützen und zu gewährleisten. Andererseits schützen Menschenrechte aber auch vor der Gewalt des Staates (Fremuth, 2015):

- Die *Egalität* der Rechte hebt die Unterschiedslosigkeit hervor. Menschenrechte gelten also für alle Menschen gleich und ohne Unterschiede.
- Der Begriff der *Unveräußerlichkeit* wiederum meint, dass sich den Menschenrechten niemand als würdig erweisen muss. Sie können nicht verlustig gehen, niemand kann sie verwirken oder entziehen, niemand kann auf sie verzichten. Unter bestimmten Voraussetzungen können einige, sogenannte relative Menschenrechte jedoch eingeschränkt werden, um die Sozialverträglichkeit der Mitglieder einer Gesellschaft untereinander zu gewährleisten. So kann etwa die Meinungsfreiheit eingeschränkt werden, um persönlichen Ehrenschutz sicherzustellen, oder aber die Versammlungsfreiheit zum Schutz der öffentlichen Sicherheit (Art. 11 EMRK). Absolute Menschenrechte, wie die Unantastbarkeit der Menschenwürde sind nicht beschränkbar (vgl. Fremuth, 2015, S. 43).
- Unter der *Universalität* der Menschenrechte fasst sich deren Allgemeingültigkeit. Ihnen wohnt ein fundamentaler Charakter inne, der fordert, dass sie »einheitlich und überall für alle Menschen zu gelten haben« (S. 44).
- Die *Unteilbarkeit* wiederum bezieht sich auf eine historische Differenzierung im Hinblick auf die Relevanz und Abgrenzung von bürgerlichen und politischen Rechten (hierunter zählen die klassischen liberalen Freiheits-

rechte, wie das Recht auf Leben, das Verbot von Folter oder aber die Meinungs-, Presse und Religionsfreiheit). Die Unterscheidung gilt jedoch mittlerweile als überwunden, daher sind alle Menschenrechte gleichberechtigt.
- Mit dem letzten Begriff der *Interdependenz* wird auf die »Wechselbezüglichkeit der verschiedenen Menschenrechte« (S. 50) verwiesen. So bedingen sich Menschenrechte teilweise gegenseitig und bauen aufeinander auf. Diese Wechselseitigkeit kann sich sowohl positiv als auch negativ bedingen. Wenn etwa ein Recht beschnitten oder verletzt wird, kann sich ein anderes möglicherweise gar nicht entfalten. Fremuth (2015) verdeutlicht dies am Beispiel des Rechts auf Leben: Wenn dieses versagt wird, können keine anderen Menschenrechte in Anspruch genommen werden.

Nachdem der Begriff der Menschenrechte bestimmt wurde, stellt sich nun die Frage, welche Menschenrechtskonventionen und Pakte existieren. Da die große Bandbreite an Konventionen jedoch den Rahmen dieses Buches sprengen würde, wird an dieser Stelle lediglich ein Überblick über die für die Soziale Arbeit mit geflüchteten Menschen relevanten Konventionen gegeben.

Als Basiswerk der kodifizierten Menschenrechte ist die Allgemeine Erklärung der Menschenrechte (AEMR) vom 26. Juni 1948 zu verstehen. Von ihren 26 Menschenrechten wurden insgesamt 24 in UN-Konventionen kodifiziert (Prasad, 2018b). Hierzu zählen u. a.:

- der Internationale Pakt über wirtschaftliche, soziale und kulturelle Rechte vom 16. Dezember 1966 (auch Sozialpakt genannt oder ICESCR),
- der Internationale Pakt über bürgerliche und politische Rechte vom 16. Dezember 1966 (auch Zivilpakt genannt oder ICCPR),

- das Internationale Übereinkommen zur Beseitigung jeder Form von rassistischer Diskriminierung vom 7. März 1966 (CERD),
- das Übereinkommen zur Beseitigung jeder Form von Diskriminierung der Frau vom 18. Dezember 1979 (CEDAW),
- das Übereinkommen gegen Folter und andere grausame, unmenschliche oder erniedrigende Behandlung oder Strafe vom 10. Dezember 1987 (CAT),
- das Übereinkommen über die Rechte des Kindes vom 20. November 1989 (CRC),
- das Übereinkommen zum Schutz der Rechte aller Wanderarbeiter und ihrer Familienangehörigen vom 18. Dezember 1990 (ICRMW), das jedoch nicht von Deutschland ratifiziert wurde,
- das Übereinkommen über die Rechte von Menschen mit Behinderungen vom 13. Dezember 2006 (CRPD),
- das Internationale Übereinkommen zum Schutz aller Personen vor dem Verschwindenlassen vom 20. Dezember 2006,
- die Istanbul-Konvention, Übereinkommen des Europarats zur Verhütung und Bekämpfung von Gewalt gegen Frauen und häuslicher Gewalt vom 11. Mai 2011 (Deutschland hat das Übereinkommen erst im Oktober 2017 ratifiziert).

Diejenigen Konventionen sowie ihre entsprechenden Zusatzprotokolle, die Deutschland unterzeichnete, sind in der Regel ratifiziert und in nationalem Recht verankert worden. Sie beinhalten Beschwerde- und Überwachungsmechanismen, wodurch sie justiziabel sind und insbesondere in der sozialarbeiterischen Praxis angewendet werden können (Prasad, 2018b). Auf diesen Punkt der Nutzbarmachung für die Sozialarbeitspraxis wird in Kapitel 6 nochmals eingegangen.

4 Sammelunterkünfte als totale Institutionen

> »Man kam nicht an der Heimleiterin vorbei. Und wenn doch, hieß es von der Sozialarbeiterin: Was die Heimleitung sagt, wird gemacht. Wir wurden wie Sklaven behandelt, niemand hat uns geholfen. […] Sie hat alles überwacht. Aus dem Büro beobachtete sie, wer mit dir kam, wann du kamst, wann du gingst. Sie kontrollierte mich […]. In keinem Moment habe ich mich frei gefühlt«.
> (Pro Asyl, 2015)

Dieses drastische Zitat aus einem Interview mit einer Geflüchteten zeigt die Abhängigkeit und Verzweiflung einer Frau, die unter der vorgeschriebenen Unterbringung in einer privatwirtschaftlich geführten Sammelunterkunft massiv litt. Das Moment der Kontrolle scheint in diesem Falle alles zu beherrschen – so dass für Hilfe kein Platz mehr bleibt. Wie kann es zu solchen Machtverhältnissen in einer Unterkunft kommen?

In diesem Kapitel geben wir zunächst einen kurzen Überblick über psychosoziale Folgen von Sammelunterbringung. Um aber verstehen zu können, wie sich solche oben beschriebenen asymmetrischen Machtverhältnisse entwickeln können, ist auch eine theoretische Auseinandersetzung mit der Institution und deren Strukturen notwendig.

4.1 Psychosoziale Folgen und Problemlagen im Kontext der Sammelunterbringung

Die in den Sammelunterkünften herrschenden Bedingungen wie fehlende Privatsphäre, das enge Zusammenleben – besonders mit fremden Menschen – im Mehrbettzimmer, eine unruhige und laute Wohnumgebung und alltägliche Konflikte können dauerhafte psychische Anspannung, ein erhöhtes Erregungsniveau, Konzentrations- und Schlafschwierigkeiten sowie Aggressivität zur Folge haben und stellen besonders, aber nicht nur, für traumatisierte Personen und für Kinder eine erhebliche Belastung dar (Johannson, 2015; Brandmaier, 2019). Häufig werden Probleme in Sammelunterkünften (z. B. fehlende Sauberkeit, Ordnung oder Hygiene, Ruhestörung etc.) auch anderen Bewohner*innen zugeschrieben, was eine Entsolidarisierung zur Folge haben kann. Besonders die Entwicklung von Kindern und die Beziehungen innerhalb von Familien leiden unter den Bedingungen in Sammelunterkünften, u. a. da das Familienleben in ihnen einer sehr hohen sozialen Kontrolle unterliegt. Das intransparente Asylsystem bewirkt ein Misstrauen untereinander. Die Beziehungen zwischen den Bewohner*innen sind oft von Gleichgültigkeit und Unverbindlichkeit geprägt, häufig sind Vereinzelung und soziale Isolation zu beobachten. Vor allem wenn die Erziehung und die Organisation des Haushalts in der Hand von Frauen liegt, oder wenn es keine ausreichenden Rückzugsmöglichkeiten und Schutzkonzepte für Frauen und Kinder gibt (Rabe, 2015), sind bei diesen Tendenzen des Rückzugs in den sozialen Raum der Sammelunterkunft zu beobachten (Behrensen u. Groß, 2004; Brandmaier, 2019; Pieper, 2008).

Die alltäglichen Routinen aus Schlafen, Essen und gelegentlichen Erledigungen in der Alltagsorganisation werden nur manchmal durchbrochen z. B. von gemeinnütziger oder geringfügig entlohnter Tätigkeit, Deutschkursen oder – besonders bei Frauen – von der Versorgung minderjähriger Kinder. Ein Gefühl des Nichtstuns dominiert den Alltag, was wiederum depressive Symptome – wie Grübeln oder Antriebslosigkeit, eine Verschiebung des Tag-/Nachtrhythmus, sozialen Rückzug, Schlaf- und Konzentrationsschwierigkeiten – sowie psychosomatische Beschwerden, wie Kopfschmerzen, verstärken kann. Die strukturelle Beschränkung der Handlungsfähigkeit manifestiert sich zuweilen körperlich in Form von Antriebslosigkeit. Häufig umschreiben Asylsuchende die Sammelunterkunft als Gefängnis, wie dieser Asylsuchende in einer ländlich gelegenen, kleinen Sammelunterkunft in Tirol: »Für mich ist das Schwierige, dass sich einfach mein seelischer Zustand verändert. Es hat eigentlich nicht einen sehr großen Unterschied zu einem Gefängnis, das geht mir nicht alleine so, vielen geht es so, weil man darf hier nichts machen« (Brandmaier, 2019, S. 249). Tendenziell ist davon auszugehen, dass im ländlichen Raum untergebrachte Geflüchtete weniger Möglichkeiten haben, sich zu beschäftigen oder abzulenken als im städtischen Raum, und dass sie, wenn sie sich im öffentlichen Raum bewegen, stärker als »anders« bzw. als »Flüchtling« markiert sind. Dieses Stigma hängt auch mit dem Ort zusammen, an dem sie untergebracht sind: der Sammelunterkunft.

4.2 Was macht eine Sammelunterkunft zur totalen Institution?

Das Konzept der totalen Institution, das auf den Soziologen Erving Goffman (1973) zurückgeht, dient verschiedenen Studien (z. B. Brandmaier, 2019; Pieper, 2008; Täubig, 2009) als theoretische Grundlage, um auch in Sammelunterkünften Machtverhältnisse, Dynamiken und Hierarchien verstehen zu können, wenngleich diese Institutionen oft einen weniger »totalen« Charakter aufweisen als z. B. Gefängnisse oder die ursprünglich von Goffman untersuchten Psychiatrien. Für die Praxis der Sozialen Arbeit erweist sich die totale Institution als sehr hilfreiches Konzept, um mit den asymmetrischen Machtverhältnissen sowie mit dem zentralen Widerspruch zwischen Hilfe und Kontrolle angemessen umzugehen. Goffman (1973) definiert eine totale Institution als »Wohn- und Arbeitsstätte einer

Vielzahl ähnlich gestellter Individuen […], die für längere Zeit von der übrigen Gesellschaft abgeschnitten sind und miteinander ein abgeschlossenes, formal reglementiertes Leben führen« (S. 11). Die Freizügigkeit und die sozialen Kontakte zu Menschen außerhalb der Institution werden in der totalen Institution beschränkt durch materielle oder symbolische Barrieren. Dabei muss es sich nicht um geschlossene Institutionen wie Gefängnisse handeln – Pieper (2008) spricht in Bezug auf Sammelunterkünfte daher von *halboffenen* totalen Institutionen. In Sammelunterkünften können die materiellen oder symbolischen Barrieren etwa Betretungsverbote für Außenstehende (v. a. Mitarbeiter*innen von Beratungsstellen und NGOs, Freund*innen), nächtliche Sperrstunden, Ummauerung oder Einzäunung sowie Eingangskontrollen durch Portiere oder Sicherheitsdienste umfassen. All dies markiert und stigmatisiert die Bewohner*innen als Insassen einer totalen Institution und hier konkret auch als »Flüchtlinge« (Pieper, 2008).

Die Unterbringung in Sammelunterkünften ist wie in vielen anderen totalen Institutionen unfreiwillig und die Dauer des Aufenthalts oft ungewiss. Sehr häufig liegen Sammelunterkünfte an Ortsrändern oder außerhalb von Ortschaften und sind nur schlecht an den öffentlichen Nahverkehr angebunden, die Bewohner*innen sind dementsprechend isoliert, was auch Versuche der gesellschaftlichen, kulturellen und sozialen Teilhabe erschwert. Die Lage an der Peripherie verstärkt Abhängigkeiten und unterstreicht die Machtposition der Betreiber*innen. Sowohl in den Medien als auch in wissenschaftlichen Studien (vgl. Brandmaier, 2019; Pieper, 2008) wird immer wieder über Akte der Missachtung seitens der Institution gegenüber Bewohner*innen berichtet, wozu neben gesundheitsschädigenden Lebensbedingungen und mangelhafter Versorgung auch rassistische Diskriminierung, Schikanen oder in besonders krassen Fällen sogar Gewaltanwendung zählen. Besondere Bekanntheit erlangte etwa eine von der Firma European Homecare GmbH betriebene Sammelunterkunft im nordrhein-westfälischen Burbach, in der Angehörige des Sicherheitspersonals Geflüchtete misshandelten (vgl. Bauer, 2017). Da es kaum Möglichkeiten gibt, der Sammelunterkunft zu entfliehen, verstärken sich bei den dort Lebenden Gefühle der Hilflosigkeit und Ohnmacht.

In einer totalen Institution finden sämtliche Alltagstätigkeiten (Schlafen, Arbeit, Freizeit) an einem Ort, *innerhalb der Institution* statt – üblicherweise sind diese zentralen Lebensbereiche von sozialen und räumlichen Schranken getrennt. Der Tagesablauf der Bewohner*innen (bei Goffman werden sie »Insassen« genannt) folgt genauen, von Autoritäten aufgestellten Zeit- und Tätigkeitsvorgaben. Dazu zählen Putzpläne, die Vergabe von Terminen für die Nutzung von Haushaltsgeräten (wie z. B. Waschmaschinen) oder eingeschränkte Beratungszeiten der Sozialarbeitenden. Diese Vorgaben unterliegen einer Hausordnung, was einerseits die bürokratische Organisation erleichtert und andererseits der besseren Kontrolle der Bewohner*innen dient (vgl. Pieper, 2008). Vor allem bei zentraler Essensversorgung sind die Selbstbestimmung hinsichtlich der eigenen Ernährung und Gesundheit und die Stillung grundlegender Bedürfnisse stark eingeschränkt, was eine erhebliche Auswirkung auf das Wohlbefinden hat. Schon Goffman (1973) merkt an:

> »In erster Linie unterbinden oder entwerten totale Institutionen gerade diejenigen Handlungen, die in der bürgerlichen Gesellschaft die Funktion haben, dem Handelnden und seiner Umgebung zu bestätigen, daß er seine Welt einigermaßen unter Kontrolle hat – daß er ein Mensch mit der Selbstbestimmung, Autonomie und Handlungsfreiheit eines ›Erwachsenen‹ ist« (S. 49 f.).

Der Alltag in einer totalen Institution ist häufig durch Langeweile und Nichtstun gekennzeichnet, vor allem in Sammelunterkünften für Geflüchtete (Brandmaier, 2019; Pieper, 2008; Täubig, 2009). Goffman (1973) spricht davon, dass die Zeit in einer totalen Institution als vergeudet und verloren erlebt wird, es entstehe ein »Gefühl der toten und bleischweren Zeit« (S. 72). Zerstreuungen, wie z. B. Freizeitaktivitäten, lenken die Person im besten Falle von der eigenen Situation und dem Gefühl der Hoffnungs- und Perspektivlosigkeit ab, jedoch merkt Goffman drastisch an: »Wenn die normalen Tätigkeiten in einer totalen Institution die Zeit zu einer Folter werden lassen, dann töten diese Beschäftigungen sie mitleidig« (S. 72). Sogenannte »Inseln lebendiger, fesselnder Aktivität« helfen lediglich, »den psychischen Stress auszuhalten, der normalerweise durch Angriffe auf sein Selbst erzeugt wird« (S. 73). Angesichts der Tatsache, dass soziale Anerkennung in einer arbeitsorientierten, kapitalistischen Gesellschaft wie der unseren über die Wertschöpfung, den gesellschaftlichen Beitrag über Erwerbstätigkeit, gewährt wird (Honneth u. Pongs, 2009; Ottomeyer, 2014b), ist damit zu rechnen, dass die fehlende Anerkennung infolge des Arbeitsverbots oder Hürden bei der Aufnahme einer Beschäftigung weiter zur Demoralisierung der Bewohner*innen von Sammelunterkünften beitragen. Dazu kommen die psychischen Folgen der Unsicherheit während des Asylverfahrens: »Diese Perspektivlosigkeit und das immer drohende Ende durch eine Abschiebung verstärkt die Sinnlosigkeit der zur Verfügung stehenden Zeit als auf Dauer angelegte Langeweile, unabsehbares Nichts-Tun und Fremdbestimmtheit der eigenen Autonomie« (Pieper, 2008, S. 289).

Wenngleich Migration und Asyl ohnehin häufig mit einem Statusverlust verbunden sind, durchlaufen Menschen während ihres Aufenthalts vor allem in geschlossenen totalen Institutionen auch einen Prozess der Diskulturation, d. h. einen »Verlern-Prozeß, der den Betreffenden zeitweilig unfähig macht, mit bestimmten Gegebenheiten der Außenwelt fertig zu werden« (Goffman, 1973, S. 24). Des Weiteren können »Erniedrigungen, Degradierungen, Demütigungen und Entwürdigungen« (S. 25), die im Alltag der totalen Institution unvermeidbar sind, Angriffe auf das Selbst darstellen: »[D]ie Grenze, die das Individuum zwischen sich selbst und der Umwelt zieht, wird überschritten« (S. 33). Dabei dienen diese Prozeduren häufig nur der Rationalisierung und dazu, »den Tageslauf einer großen Zahl von Menschen auf beschränktem Raum und mit geringem Aufwand an Mitteln zu überwachen« (S. 53). Damit sind nicht unbedingt körperliche Erniedrigungen gemeint, als demütigend werden auch die Erfassung von Fingerabdrücken und persönlicher Daten, die Zuweisung zu Schlafplätzen in Mehrbettzimmern, die Wegnahme von Eigentum, die Verletzung der Privatsphäre, die Tatsache, nicht selbst über die Ernährung bestimmen zu können, oder erzwungene zwischenmenschliche Kontakte etc. empfunden. Dies sind Demütigungen, die vor allem den Aufnahmeprozeduren im Asylverfahren geschuldet sind (Schroeder, 2003; Täubig, 2009).

4.3 Dynamiken und Machtverhältnisse

Die offiziellen Ziele totaler Institutionen stehen häufig im Widerspruch zur realen Praxis (Goffman, 1973), ein erster Punkt worin sich auch die Widersprüchlichkeit der Sozialen Arbeit bemerkbar macht. Häufig werden Sammelunterkünfte als Fürsorgeeinrichtungen für neu eingereiste, geflohene Menschen gedeutet, von denen angenommen wird, dass sie (noch) nicht fähig sind, für sich selbst zu sorgen und in der Aufnahmegesellschaft zurechtzukommen. Die offiziellen Ziele der Befähigung zur Verselbstständigung und Unterstützung bei der Integration stehen im Widerspruch zu realen Beobachtungen: Handlungsfähigkeit,

Selbstständigkeit und Eigeninitiative nehmen zusehends ab, es vollzieht sich eine schleichende Demoralisierung parallel zum Verlauf des Asylverfahrens und der Unterbringung in der Sammelunterkunft (Brandmaier, 2019). Tobias Pieper (2008) verortet in seiner Studie »Die Gegenwart der Lager« die Funktion der Sammelunterkünfte bzw. Lager vor allem in der Disziplinierung, Kontrolle und Überwachung der darin untergebrachten Migrant*innen.

Goffman (1973) arbeitete für totale Institutionen neben dem offensichtlichen Sanktionssystem für Regelverstöße oder -überschreitungen auch ein Privilegiensystem mit mehr oder weniger klar definierten Belohnungen für Gehorsam und Regelbefolgung heraus. So existieren etwa in jeder internen Hierarchie einer Sammelunterkunft Positionen – z. B. geringfügig entlohnte Tätigkeiten wie Hausmeisterjobs oder eine Funktion als kommunikatives Bindeglied zwischen Personal und Bewohner*innen –, die einen privilegierten Zugang zu Wissen über interne Strukturen und Handlungsmöglichkeiten mit sich bringen (Brandmaier, 2019). Mit dem Sanktions- und Privilegiensystem wird angestrebt, dass sich die Bewohner*innen durch Verinnerlichung eben dieser Regeln in Form von Selbststeuerung kooperativ verhalten. Es ist nicht auszuschließen, dass durch kooperatives Verhalten letztlich jedoch auch ihr Selbstbild beeinflusst wird und sich dahingehend verändert, dass es immer mehr mit dem Bild übereinstimmt, das das Personal von ihnen hat (Goffman, 1973).

In diesem Fall übernehmen sie die ihnen zugewiesene Rolle und Identität und passen sich so an (primäre Anpassung). Es kommt jedoch auch in jeder totalen Institution dazu, dass Bewohner*innen in Form einer sekundären Anpassung die Erwartungen der Institution mittels der Anwendung »unerlaubter« Mittel oder dem Verfolgen »unerlaubter« Ziele umgehen und sich damit auch dem Angriff auf das Selbst entziehen – Goffman (1973) entwickelte hierfür den Begriff des *Unterlebens* (für wissenschaftliche Analysen des Unterlebens in Sammelunterkünften s. Täubig, 2009; Thielen, 2009). Das Unterleben birgt solidarisches Potenzial z. B. in Form von Informationsweitergabe unter den Bewohner*innen oder gegenseitiger finanzieller oder sozialer Unterstützung, es kann aber auch andere Formen annehmen, so dass etwa bestimmte Posten und Funktionen innerhalb der Institution ausgenutzt werden oder Ausbeutung und Nötigung auftreten. Das Ziel des Unterlebens ist, sich zumindest in einem kleinen Rahmen noch etwas Kontrolle über das eigene Leben zu erhalten oder bestimmte Bedürfnisse zu befriedigen, ohne dabei das Personal direkt anzugreifen. Voraussetzung für das Unterleben ist eine ausreichend funktionierende soziale Kontrolle und Zusammenhalt, so dass sich die Bewohner*innen nicht gegenseitig an das Personal verraten. Allerdings leben totale Institutionen auch davon, dass durch eine gemäßigte, kollektive Form der sekundären Anpassung zwar eine gewisse Form der Handlungsfähigkeit aufrechterhalten werden kann, die Institution aber dennoch nicht infrage gestellt wird, da die Individuen weiterhin an deren Aktivitäten teilnehmen.

Eine der Hauptaufgaben von Sozialarbeitenden in Sammelunterkünften ist die Überwachung der Bewohner*innen, also das Erfüllen eines staatlichen Kontrollauftrags, vordergründig jedoch vor allem Beratung, Betreuung und Unterstützung. Die Beziehungen zwischen Bewohner*innen und (psycho-)sozialen Fachkräften unterliegen einem asymmetrischen Machtverhältnis und der Tatsache, dass das Personal die Unterkunft nach Feierabend verlässt (Goffman, 1973). Diese Distanz und Asymmetrie resultieren in gegenseitigen stereotypen Sichtweisen und Vorurteilen über die je andere Gruppe (Behrensen u. Groß, 2004; Goffman, 1973; Osterkamp, 1996; Pieper, 2008). Wenn Bewohner*innen reziproke Hilfeleistungen erbringen oder wenn sich Sozialarbeitende auch außerhalb der Arbeitszeiten um Anliegen der Adressat*innen kümmern bzw. sich für diese einsetzen, so kann dies als Versuch gedeutet werden, die Distanz zu verringern. Bei solchen Überschreitungen der zugewiesenen Rollen können allerdings schnell Frustrationen entstehen, wenn das Gegenüber sich z. B. nicht »dankbar« zeigt oder sich nicht in »erwünschter Weise« verhält – selbst wenn derlei Erwartungen lediglich unbewusst bestehen: es droht ein Ende des Engagements, wie manche Studien beobachten (Goffman, 1973; Osterkamp, 1996). Doch die Entscheidungs- und Deutungsmacht befindet sich letztlich auf der Seite des Personals (Pieper, 2008); dieses hat die Macht, zu disziplinieren, Vorschriften festzulegen, Regelüberschreitungen zu registrieren und Sanktionen durchzusetzen – es bleibt immer ein asymmetrisches Machtverhältnis.

Sanktionssysteme manifestieren sich sichtbar in den Hausordnungen, wobei das Personal hier einen eigenen Ermessensspielraum hat. Während die Hausordnungen als zentrales Instrument zur Disziplinierung und Kontrolle das Zusammenleben in der Unterkunft bis in die Zimmer hinein regeln, stellen sie für das Personal oft vordergründig ein Instrument zum Schutz besonders vulnerabler Bewohner*innen wie Frauen, Kindern oder Traumatisierten dar. Viele sozialarbeiterische Interventionen zielen angesichts der angespannten Lebenssituation in den Sammelunterkünften auf Konflikt-, Krisen- und Gewaltprävention. Ein Verständnis der Strukturen und Dynamiken der totalen Institution, wie sie hier ansatzweise dargestellt wurden, bildet eine wichtige Grundlage, um die eigene Rolle in den asymmetrischen Machtverhältnissen reflektieren zu können. Die zum ursprünglichen ethischen Auftrag (vgl. Kapitel 2) fundamental widersprüchliche Realität birgt in der Alltagspraxis zahlreiche Spannungen, die sich auch in der Psyche und in den Beziehungen zu den Adressat*innen widerspiegeln.

5 Widersprüche und Handlungsgrenzen in der Sozialen Arbeit

Die restriktive Asylgesetzgebung und Flüchtlingspolitik, konkrete Bedingungen vor Ort und – hier besonders relevant – die strukturellen Aspekte der Sammelunterbringung bilden den Rahmen sowohl für die Lebensführung und Handlungsfähigkeit der Geflüchteten als auch für die Handlungsmöglichkeiten der Unterstützenden. Grundlegende Ziele der Sozialen Arbeit, wie die Adressat*innen zu stärken, ihnen bei der Bewältigung existenzieller Herausforderungen zu helfen, dazu beizutragen, dass das individuelle Wohlergehen verbessert wird (vgl. Kapitel 2), sind in Sammelunterkünften häufig schwer in der Alltagspraxis umzusetzen und zu erreichen. Denn hier sind Sozialarbeitende in einem Feld tätig, in dem Menschenrechte regelmäßig verletzt werden und sie selbst häufig mandatswidrige Aufträge bekommen (Muy, 2018; Prasad, 2018b). Es bedarf einer bewussten, menschenrechtsorientierten und rassismuskritischen Haltung, um nicht selbst Teil des Systems zu werden, das diese Rechte verletzt.

> **Beispiel aus der Praxis**
>
> Sehr unmittelbar wird von psychosozialen Fachkräften vor allem der Widerspruch zwischen Hilfe und Kontrolle (näher dazu s. unten) in solchen Situationen erfahren, in denen die Polizei in die Sammelunterkunft kommt, um Bewohner*innen abzuschieben. So schildert eine Sozialarbeiterin die teaminternen Konflikte mit der Leitung, die in einem solchen Fall auftraten:

»Und heute war es so, dass die Polizei vor Ort war. Ungefähr um vier Uhr oder fünf Uhr morgens. Sie kommen immer gerne sehr früh, um jemanden abzuschieben. Und diesjenige war anscheinend nicht da. Und das haben wir im Teammeeting besprochen. Und dann hieß es, wir sollen überprüfen, ob er da ist; oder ob er überhaupt kommt. Und die Security soll Bescheid geben, ob derjenige bei uns ist. Und dann wurde klar und deutlich gesagt, dass wir dem Bewohner nicht sagen sollen, dass die Polizei bei uns war. Und ich sagte: ›Warum nicht? Ich sag ja nichts weiter, als dass die Polizei ihn gesucht hat. Und er war nicht da. Was ist daran so schlimm?‹ Und sie meinten: ›Nein, er könnte dann untertauchen oder nicht mehr hier sein und wir sollen nicht mithelfen in so einer Sache‹« (Brülke, Friedmann u. Kohlbrenner, 2019, S. 26).

Derlei Diskussionen finden nicht nur innerhalb von Teams statt. Die Diskussionen um den Gesetzentwurf zum neuen sogenannten »Geordnete-Rückkehr-Gesetz« zeigen, dass die Unsicherheit, welche Informationen Sozialarbeitende bezüglich Abschiebebedrohung weitergeben dürfen oder nicht, auch eine Frage der Politik ist. So sollen laut einer Stellungnahme von Pro Asyl (2019) »Informationen zum konkreten Ablauf einer Abschiebung als Geheimnisse [im] strafrechtlichen Sinne eingestuft werden« (S. 21), konkret könnten derlei Informationen z. B. die Ankündigung von Abschiebeterminen umfassen. Von einer Haftstrafe von bis zu fünf Jahren wären laut Verweis auf § 353b Abs. 1 StGB (Verletzung des Dienstgeheimnisses und einer besonderen Geheimhaltungspflicht) nur Personen im öffentlichen Dienst betroffen, d. h. »Amtsträger, für den öffentlichen Dienst besonders Verpflichtete oder von einer anderen amtlichen Stelle förmlich Verpflichtete« (S. 21). Die Organisation Pro Asyl warnt eindringlich davor, dass diese Regelung Unterstützer*innen beunruhigen und ihr Engagement einschränken könnte: »Es droht eine starke Verunsicherung von zivilgesellschaftlich engagierten Menschen. Gerade ehren- und hauptamtliche BeraterInnen werden sich fragen, welche Informationen sie im Rahmen ihrer notwendigen Beratungsfunktion geben dürfen. Sie befinden sich oftmals in einer klärenden Funktion zwischen Behörden und Betroffenen und versuchen hier im Einzelfall insbesondere zur rechtlichen Situation aufzuklären« (Pro Asyl, 2019, S. 21). Auch die Fachgruppe Flucht, Migration, Rassismus- und Antisemitismuskritik der DGSA (Deutsche Gesellschaft für Soziale Arbeit) warnt vor Verunsicherungen und einer abschreckenden Wirkung dieses Gesetzesvorhabens für die Soziale Arbeit.[24]

Wie äußern sich diese Widersprüche in der Sozialen Arbeit und was hat das mit Handlungsgrenzen zu tun? Unter einem Widerspruch wird im Rückgriff auf die Bedeutung des Begriffs im Kontext der Dialektik ein sich polar gegenüberstehender Gegensatz verstanden. Im Unterschied zu Widersprüchen von Ideen, Begriffen oder Erscheinungen in der Philosophie beziehen sich die Widersprüche in der Sozialen Arbeit vor allem auf die Aufträge und Erwartungen, die von verschiedenen Akteur*innen an Sozialarbeitende herangetragen werden und die sich zum Teil diametral gegenüberstehen und dadurch u. a. zu inneren Konflikten führen können. Im Kontext der Sammelunterkünfte bekommen Sozialarbeitende und andere in der Be-

---

24 Siehe Stellungnahme vom 11.05.2019: https://www.dgsa.de/fileadmin/Dokumente/Fachgruppen/Migration_und_Rassismuskritik/Stellungnahme_zum_so_genannten_Geordnete_R%C3%BCckkehr_Gesetz_/DGSA_FGmigraas_Stellungnahme__Geordnete_R%C3%BCckkehr_Gesetz_.pdf

treuung tätige Fachkräfte ihre Aufträge primär von den jeweiligen Arbeitgeber*innen, d. h. entweder dem Land oder der Kommune, von Wohlfahrtsverbänden, Vereinen oder privatwirtschaftlichen Akteur*innen. Sie sind in der Betreuungsarbeit und in ihren Handlungsspielräumen gebunden an die rechtlichen Rahmenbedingungen, zum Teil leiten etwa Integrationsvereinbarungen oder andere Rahmenkonzepte (vgl. DRK-Generalsekretariat, 2016) die Zielsetzung der Arbeit. Ethische Kodizes (vgl. Kapitel 2) verlangen wiederum, dass Soziale Arbeit an der Seite der Adressat*innen und *für* diese geschehen muss. Die der Tätigkeit in Sammelunterkünften immanente Widersprüchlichkeit (vgl. Busch et al., 2016) kann sich letztlich in einem Gefühl der Zerrissenheit, der Überforderung, dem Gefühl, es niemandem recht machen zu können, äußern.

5.1 Begrenzte Ressourcen und überhöhte Erwartungen

Beispiel aus der Praxis

Gefragt nach seinen Möglichkeiten, die Adressat*innen in einer Wiener Sammelunterkunft bei der Erweiterung ihrer Handlungsfähigkeit zu unterstützen, spitzt ein Sozialarbeiter provokativ zu:

»Diese Handlungsspielräume erweitern, ist halt etwas sehr Postmodernes. Immer dieses systemische Denken, das ist nicht ganz meins. Dabei glaube ich, bin ich ein bisschen zu materialistisch, zu sagen: Ja, diese Ressourcen haben wir. Also, ich bin immer ein bisschen in Versuchung zu sagen: Das ist doch alles nur SCHÖNreden. Und dem will ich mich dann nicht immer ganz hingeben. Also ich will mich dem nicht immer hingeben zu sagen: Ja, es ist scheiße. Aber im Grunde ist es gar nicht so scheiße, weil, schau mal: Du kannst immer noch wählen zwischen Scheiße a, Scheiße b und Scheiße c. Es WIRD NICHT MEHR GELD. ES BLEIBT DABEI. Das Gesetz sagt das und das.«[25]

Die Arbeitsbedingungen für Sozialarbeitende sind in Sammelunterkünften meist prekär aufgrund von ständiger personeller Unterbesetzung, Budget- und Kostendruck bzw. knapper finanzieller Ressourcen als Folgen der Ökonomisierung der Sozialen Arbeit, mangelhaft ausgestatteter Arbeitsplätze oder Qualitätsanforderungen, die etwa aufgrund des Dokumentationszwangs Zeit für das direkte Gespräch mit Adressat*innen rauben. Für die individuelle Unterstützung der Adressat*innen gelten meist Personalschlüssel von 1:100 bis hin zu 1:150, auch 1:170 sind hier durchaus üblich (Brandmaier, 2019; Eichinger u. Schäuble, 2018). Um die fehlende Zeit für den direkten Kontakt auszugleichen, leisten Fachkräfte zahlreiche Überstunden. Tatsächlich ziehen solche Strukturen häufig eine sehr hohe Arbeitsbelastung nach sich und verursachen Stress, was negative Auswirkungen auf die psychische und physische Gesundheit der Fachkräfte haben kann.

Die Adressat*innen formulieren Aufträge, die den Erfordernissen der Alltagsbewältigung und des Asylverfahrens sowie den schwierigen Lebensbedingungen Rechnung tragen und oftmals mit einer entsprechenden Dringlichkeit an die Fachkräfte herangetragen werden. Viele dieser, im individuellen Fall überwiegend existenziellen, Anliegen befinden sich jedoch außerhalb des Einflussbereichs und der Handlungsmacht der Sozialarbeitenden. Hilflosigkeit und Frustration sind deshalb auf beiden Seiten auszuhalten, wie im einführenden Zitat des Wiener Sozialarbeiters deutlich

---

25 Bislang unveröffentlichtes Zitat aus der Studie von Brandmaier (2019).

wurde. Dass die Unterstützungsmöglichkeiten der Sozialarbeitenden begrenzt sind, kann an gesetzlichen Rahmenbedingungen liegen, an knappen finanziellen Ressourcen oder aber weil die Grenze des sozialarbeiterischen Auftrags erreicht wurde. Insbesondere wenn sich die ohnehin prekäre aufenthaltsrechtliche Situation verschärft, wie etwa durch drohende Abschiebung, Arbeitsverbote, unfaire asylrechtliche Entscheidungen etc., stoßen Sozialarbeitende schnell an ihre Handlungsgrenzen. Hierbei kann es zudem leicht zu Schwierigkeiten im Ausloten einer »gesunden« Nähe und Distanz in Bezug auf die Zusammenarbeit mit den Adressat*innen kommen (Brülke et al., 2019). Insbesondere in Anbetracht der räumlichen Nähe, dem tagtäglichen Umgang in der direkten Lebensumwelt der Menschen gelingt eine professionelle Abgrenzung nicht immer ohne Weiteres. Die Unterstützenden erleben die Hilflosigkeit der Adressat*innen angesichts der oft erfolglosen Versuche, bei den Behörden etwas zu erreichen, hautnah mit. Sie sind dann möglicherweise geneigt, zu versuchen, die eingeschränkte Handlungsfähigkeit ihrer Klientel mit eigenem Engagement auszugleichen. Es kann auch beobachtet werden, dass Unterstützende von den Adressat*innen erst dann als wirklich bemüht und unterstützend wahrgenommen werden, wenn sie mehr tun, als sie müssten und als ihre berufliche Rolle eigentlich vorsieht (Brandmaier, 2019).

Für die Sozialarbeitenden ist es wichtig, darauf zu achten, die eigenen Grenzen und die eigene Leistungsfähigkeit nicht zu überschreiten und Gesundheitsressourcen zu erhalten. Hierfür sollten Sozialarbeitende (und natürlich auch andere Unterstützende) die Verantwortung nicht allein übernehmen im Sinne einseitiger Bemühungen um professionelle Distanz und Selbstfürsorge, sondern es müssen strukturell auf Organisationsebene entsprechende Möglichkeiten für Reflexion des Beziehungsgeschehens in engmaschiger Inter- und Supervision geschaffen werden, ebenso wie schützende und stärkende Rahmenbedingungen und Teamstrukturen, Netzwerke etc. (vgl. Rössel-Čunović, 2018). Solche Strukturen können Frustrationen, Enttäuschungen und auch (unterschwelligen, unbewussten) Aggressionen entgegenwirken, die entstehen, wenn Adressat*innen sich nicht genug »dankbar« zeigen für das Engagement oder sich nicht in »erwünschter« oder »zielführender« Weise verhalten (vgl. Beobachtungen von Goffman, 1973; Osterkamp, 1996).

5.2 Hilfe und Kontrolle

Soziale Arbeit muss sich seit ihrer Entstehung in unterschiedlichen Arbeitsfeldern mit dem zentralen Widerspruch zwischen Hilfe und Kontrolle auseinandersetzen, auch gefasst unter dem Begriff »doppeltes Mandat« (Erath, 2006).

> **Beispiel aus der Praxis**
>
> Der Kontrollauftrag ist selbst für Fachkräfte in Sammelunterkünften zuweilen nicht wirklich sichtbar – die Bewohner*innen haben schließlich in vielen Sammelunterkünften die Möglichkeit, das Haus ohne Einlass- und Ausgangskontrolle zu verlassen und können sich frei bewegen:
> »Sie werden ja nicht ständig kontrolliert. Es gibt eine Hausordnung, aber sie können sich hier drin ja frei bewegen«, so der Leiter einer Tiroler Sammelunterkunft. Ein Betreuer derselben Unterkunft, der von sich behauptet: »Ich bin kein Kontrollfreak, ich möcht keine Kontrolle ausüben auf die Leute«, befürchtet beim Gedanken, Asylsuchende in Privatwohnungen unterzubringen: »Für uns wird die Arbeit erschwert, weil einfach unsere Kontrolle, wir müssen immer schauen, ist wer daheim?« (Vgl. Brandmaier, 2019, S. 317).

Sozialarbeitende müssen eine Balance finden zwischen den Interessen und Anliegen der Adressat*innen und dem staatlichen Betreuungsauftrag, der immer auch einen Kontrollauftrag beinhaltet – ein Widerspruch, der in der Arbeit in Sammelunterkünften besonders deutlich hervortritt, da der staatliche Kontrollauftrag während des Asylverfahrens stärker vertreten ist als in anderen Arbeitsfeldern. Kontrolliert wird, wie im vorigen Kapitel deutlich wurde, in totalen Institutionen über das Sanktions- und Privilegiensystem und vor allem über die Hausordnung, z. B. durch regelmäßige Zimmer- oder Anwesenheitskontrollen oder die Durchsetzung von Sanktionen.

> **Beispiel aus der Praxis**
>
> Sanktionen erfolgen üblicherweise auf Verstöße gegen die Hausordnung, vor allem bei Anwendung von Gewalt, aber auch bei Konsum von Alkohol oder Drogen innerhalb der Sammelunterkunft. So wird laut einem Betreuer in einer Tiroler Sammelunterkunft die Ordnung in der Sammelunterkunft über die Hausordnung gesichert: »Da gehört einfach eine gewisse Ordnung dazu, nicht um Leute auszuschließen, sondern GERADE, dass Leute nicht ausgeschlossen werden, NICHT mit Angst leben müssen in diesen vier Wänden.« Vom Betreuungspersonal und der Leitung wird die Hausordnung oft vordergründig als Instrument zum Schutz besonders vulnerabler Gruppen interpretiert. Offiziell dient das Sanktionssystem also der Aufrechterhaltung der Ordnung. Ein Sozialarbeiter in einer Wiener Sammelunterkunft reflektiert das Spannungsverhältnis des doppelten Mandats so:
>
> »Jede Hilfe ist Kontrolle, das ist miteinander verknüpft. Ich persönlich WILL mich gar nicht der Illusion hingeben, dass ich nur der Gute bin. Das geht gar nicht. Das versuch ich auch meinen Klient*innen zu vermitteln. Jedes Heim

neigt zur totalen Institution, natürlich bestrafen wir. Wir nennens vielleicht nicht immer so, aber klar: wenn jemand seinen Putzdienst nicht macht, kriegt er einen Abzug bei den Geldleistungen«. (Vgl. Brandmaier, 2019, S. 320 f. Die Zitate wurden sprachlich leicht bearbeitet.)

Die Hausordnung regelt die Abläufe in einer Sammelunterkunft zum Teil bis in die alltägliche Lebensführung der Bewohner*innen in den Zimmern hinein, sie wird zuweilen von den Landesbehörden vorgegeben. So merkt eine Leiterin einer Sammelunterkunft kritisch an:
»Es gibt auch manche von den Hausregeln, die ich auch absurd finde. Die Behörde achtet ganz streng darauf, auch bei irgendwelchen Kontrollen, dass die Leute keine Teppiche im Zimmer haben. In vielen Kulturen oder Ländern, aus denen Leute herkommen, die bei uns wohnen, sind sie das nicht gewohnt« (Brülke et al., 2019, S. 45).

Vielen Interventionen liegt auch implizit eine Kontrollfunktion zugrunde, auch wenn sie vordergründig der Konflikt- und Gewaltprävention dienen oder als pädagogische Interventionen, wie z. B. Gespräche über Erziehung, gedacht sind. So sind selbst unterstützende Handlungen im Rahmen der Alltagsorganisation, wie etwa die Organisation von Arzt- und Behördenterminen oder Deutschkursen, Medikamentenausgabe etc., verbunden mit Kontrolle, da hier Einfluss auf die Lebensführung der Adressat*innen ausgeübt wird. Erwünschtes Verhalten und eine Anpassung an die Regeln der Hausordnung kann aber auch über die Beziehungsebene und persönliche Loyalitäten erreicht werden. Von den Bewohner*innen wird unausgesprochen verlangt, sich um eines konfliktfreien Zusammenlebens willen eine gewisse »Ordnung« anzueignen und diese aufrechtzuerhalten. Die sozialen Beziehungen unter den Bewohner*innen changieren zwischen einem respektvollen oder gar solidarischen Umgang miteinander und Zurückgezogenheit, Anspannung, Misstrauen; mitunter kommt es auch zu offener Aggressivität (Brandmaier, 2019). Das Personal kann das Klima in einer Sammelunterkunft dahingehend beeinflussen, dass sich eine positive Atmosphäre der gegenseitigen sozialen Unterstützung und gegenseitigen Respekts entwickelt, es kann jedoch auch Hierarchien und Privilegien so nutzen, dass sich solidarische Zusammenschlüsse nicht oder nur erschwert bilden.

> **Beispiel aus der Praxis**
>
> In einer ländlich gelegenen, kleinen Sammelunterkunft in Österreich beförderte eine respektvolle, wertschätzende Beziehungsgestaltung und ein außergewöhnliches Engagement der Leitung die Entstehung von Dankbarkeit und Loyalität auf Seiten der Geflüchteten, zumal diese zahlreiche Beispiele von schlechterer Betreuung, Versorgung oder baulichen und hygienischen Zuständen kannten, entweder aus eigener Erfahrung oder Erzählungen anderer. Das große Engagement und die wertschätzende Haltung der Leitung erfüllte nicht nur die Funktion einer vielfältigen, bedürfnisorientierten und solidarischen Unterstützung, welche seitens der Bewohner*innen auch als Anerkennung erlebt wurde, sondern ließ über das Ziel der Präventionsarbeit auch eine Kontrollfunktion erkennen:
>
> »Es ist grad noch so in der Größe, glaub ich, wo's eben noch familiärer ist. Vielleicht auch von mir so geführt, ist auch möglich. Wenn ich durch's Heim geh, und ich seh jemanden, der nicht da wohnt, den erkenn ich sofort. Weil ich einfach meine Leute KENN. […] Diese Unterstützung, also ich glaub, sie haben einfach auch gesehen, dass es nicht selbstverständlich ist. Das mag vielleicht auch der

Grund sein, warum wir eigentlich keine Probleme haben im Heim. Also es ist sicher sehr viel privates Engagement wichtig. Wenn man's jetzt nur als Arbeit sehen würde, ich mach da meine sechs, sieben Stunden jeden Tag, und dann geh ich wieder, das ist es nicht. Das ist es mir einfach WERT, wenn ich dann seh, wie sie gemütlich zusammenhocken und dass es ruhig ist«. (Vgl. Brandmaier, 2019, S. 318f. Die Zitate wurden sprachlich leicht bearbeitet.)

Über eine wertschätzende Haltung stellte die Leitung einen engen Kontakt zu den Bewohner*innen her und erlangte so Kenntnis über ihre Anliegen, Fähigkeiten, Wünsche und Ziele. In Krisenfällen ermöglichte dies ein schnelles Intervenieren, war aber auch angesichts der beengten und angespannten Wohnverhältnisse in der Unterkunft und der belastenden Lebenssituation Teil der Gewalt- und Konfliktprävention.

Nicht in allen Sammelunterkünften sind Sozialarbeitende vor Ort; gerade in ländlichen Gebieten mit kleineren Kommunen und dementsprechend kleineren Unterkünften gibt es Modelle der aufsuchenden Sozialen Arbeit oder Betreuung (vgl. Untersuchung in Kärnten: Brandmaier, 2019). Hier besteht eine noch größere Tendenz bei den Bewohner*innen, sich in zentralen Fragen der Alltagsorganisation und der Bewältigung des Asylverfahrens alleingelassen zu fühlen. Diesem Gefühl steht der Eindruck gegenüber, kontrolliert zu werden – sei es z.B. durch Betreiber*innen, Sicherheits- oder Küchenpersonal oder durch die hohe soziale Kontrolle in dörflichen Gemeinden. Auf dem Land untergebrachte Asylsuchende leiden häufig unter der schlechten Infrastruktur wie etwa fehlenden öffentlichen Verkehrsmitteln. Sie kommen nur selten in die größeren Städte bzw. zu den zuständigen Behörden und sind daher von der Frequenz und der Qualität der Betreuung in noch höherem Maß abhängig als Geflüchtete in urbanen Räumen, Abhängigkeit und Ohnmacht werden noch stärker empfunden. Dies betrifft so grundlegende Vorgänge wie die Weiterleitung von Anfragen oder Anträgen an die zuständigen Stellen oder die Weitergabe von Informationen.

5.3 Der Umgang mit Widersprüchen

Sozialarbeitende und andere in der Betreuung tätige Fachkräfte gehen vor dem Hintergrund ihrer jeweiligen Qualifikationen ganz unterschiedlich mit der geschilderten Arbeitslast und mit den Widersprüchen in ihrer Arbeit um. Dies hängt u. a. auch mit der Bereitschaft zur kritischen Reflexion zusammen. Ein Studium der Sozialen Arbeit feit zwar nicht vor Überforderung und unbewussten Strategien zur Distanzierung, die dort erworbenen Kenntnisse und Kompetenzen tragen jedoch zur Realisierung eines reflexiven professionellen Handelns erheblich bei (Initiative Hochschullehrender, 2016). Eine mangelnde psychosoziale Qualifikation des Personals kann hingegen dazu führen, dass in Konfliktsituationen bzw. bei Regelverstößen keine ausreichende persönliche Distanz entwickelt wird und erwachsene Bewohner*innen bevormundet werden, z. B. für Vergehen Einzelner im Kollektiv bestraft werden. Wenn psychosoziale Fachkräfte, Betreiber*innen oder andere Angehörige des Personals erwachsene Personen infantilisieren oder unerwünschte Verhaltensweisen einseitig auf die Kultur der Geflüchteten zurückführen, kann dies möglicherweise unbewusste Abwehrstrategien zur Bewältigung der Arbeitslast, mangelnde Reflexion oder Unwissenheit über verschiedene Formen der Diskriminierung widerspiegeln. Subjektive Gründe werden dann in einer Konfliktsituation nicht mehr erfragt, strukturelle und institutionelle Handlungsbeschränkungen nicht als zentrale Einflussfaktoren berücksichtigt, das problematische Verhalten wird individualisiert, kulturalisiert oder pathologisiert (Brandmaier, 2019; Osterkamp, 1996). Selbst wenn im Zusammenleben von Menschen verschiedener Kulturen, Religionen, Nationalitäten oder Ethnien in gewissem Ausmaß ein Konfliktpotenzial vorliegen kann, so muss doch immer der Einfluss der aktuellen Lebensbedingungen in der Sammelunterkunft und deren Strukturen sowie der rechtlichen und gesellschaftlichen Diskriminierung von den Sozialarbeitenden kritisch reflektiert werden.

Unbewusste Abwehrstrategien (vgl. Ottomeyer, 2011) dienen vorrangig der Bewältigung des Arbeitsalltags und dem Schutz vor Überforderung, erhöhen jedoch die Wahrscheinlichkeit, dass bestimmte Adressat*innen weniger Unterstützung erhalten als andere. Zurückgezogene Personen, die keiner besonders schutzbedürftigen Gruppe angehören, werden unabhängig von ihrem tatsächlichen Unterstützungsbedarf tendenziell eher übersehen, ebenso wie Personen, die aufgrund häufiger Anfragen oder ihres Charakters als lästig erscheinen, eher abgewiesen werden. Diejenigen, die als besonders vulnerabel eingeschätzt werden, wie z.B. alleinerziehende Frauen und Kinder, stehen wiederum besonders im Fokus der Aufmerksamkeit der Betreuung und Beratung (Behrensen u. Groß, 2004; Brandmaier, 2019). Es ist davon auszugehen, dass sich in totalen Institutionen vor allem Personen mit mehr sprachlichen, kommunikativen und sozialen Kompetenzen durch das Privilegiensystem größere Handlungsspielräume erschließen (z.B. bei Hilfstätigkeiten in der Sammelunterkunft oder durch gute Kontakte zum Personal eine privilegierte Position in der internen Hierarchie einnehmen etc.). Um die Aufmerksamkeit der Fachkräfte zu bekommen, müssen die Adressat*innen häufig viel Eigeninitiative zeigen, den Sozialarbeitenden erleichtert dies letztendlich die Betreuungsarbeit. Eigeninitiative und Motivation verringern sich jedoch parallel zur schleichenden Demoralisierung der Bewohner*innen durch die eingeschränkte Handlungsfähigkeit und die dauerhafte Unsicherheit während des aufenthaltsrechtlichen Verfahrens sowie durch andere psychosoziale Belastungsfaktoren. Es besteht die Gefahr, dass sich dies auf das Personal überträgt, dort Gefühle der Frustration entstehen und sich letztlich die Motivation zu aktivierenden Interventionen verringert und stärker bzw. ausschließlich auf lediglich stützende Interventionen zurückgegriffen wird (Brandmaier, 2019).

Wie mit der Widersprüchlichkeit der Arbeit umgegangen wird, ist bei psychosozialen Fachkräften ganz unterschiedlich und birgt auf der Teamebene Konfliktpotenzial, z. B. aufgrund von unterschiedlichen Haltungen. Fehlt Zeit für Austausch und gemeinsame Reflexion sowie für das Formulieren von Handlungsmaximen, hapert es an professionellen Standards und einer gemeinsamen Haltung, kann das Konflikte zuspitzen und beispielsweise ein Gefühl der Isolation oder Resignation hervorrufen. Hierbei spielt die Leitung eine entscheidende Rolle. Mangelt es dieser an Führungskompetenz, etwa aufgrund von inadäquater fachlicher Qualifikation, bleibt Wertschätzung gegenüber den Mitarbeitenden aus und fehlt es an Vertrauen in und von Mitarbeitenden, kann dies zu einer Verschlechterung der teaminternen Situation führen (Brulke et al., 2019). Auch Rassismus, Diskriminierung und Vorurteile sind im Kontext von Migration allgegenwärtig, gerade in Form von Mikroaggressionen (vgl. Sue, 2010). Angehörige des Personals aller Professionen und natürlich auch die eigene Person sind nicht davor geschützt, weshalb auch die bereits erwähnten Ethikkodizes von IFSW und NASW eine aktive Beschäftigung mit den möglichen Formen von Diskriminierung vorschreiben (Scherr, 2011).

Es schafft in der psychosozialen Praxis für alle Beteiligten mehr Klarheit, wenn die Gleichzeitigkeit von Hilfe und Kontrolle in ihrem widersprüchlichen Charakter reflektiert wird. Eine Möglichkeit damit umzugehen ist also etwa größtmögliche Transparenz bezüglich des eigenen Aufgabenbereichs und eine realistische Einschätzung der eigenen Handlungsmöglichkeiten, eine parteiliche Grundhaltung sowie eine stärkere Gewichtung der Hilfs- als der Kontrollaufträge. Die Erlebnisse und Beobachtungen im Alltag der Sammelunterkunft sowie der Disziplinierungs- und Kontrollauftrag können diametral der eigenen Haltung und dem eigenen Auftrag im Sinne des Ethikkodexes Sozialer Arbeit entgegenstehen und dadurch ebenfalls zu ausgeprägten Diskrepanzen und Spannungen, auch auf Teamebene oder in Kommunikation mit Arbeitgeber*innen bzw. Vorgesetzten, führen. Bezieht sich die Argumentation hierbei auf (sozialarbeiterisches) Theoriewissen, auf ethische Grundwerte und auf Menschenrechte, kann dies als das dritte sozialarbeiterische Mandat (Staub-Bernasconi, 2008) aus der Profession heraus benannt werden. Dies eröffnet Handlungsspielräume der Sozialen Arbeit, die im nächsten Kapitel ausführlicher dargestellt werden.

6 Reflexive menschenrechtsbasierte Soziale Arbeit

> »Jeder MENSCH ist anders, jeder Mensch der kommt, hat eine andere Geschichte. Und je nachdem was du an eigenen Ressourcen hast, ist alles möglich oder nichts möglich. Und das herauszufinden, ist glaub ich die Feinheit in der Arbeit: welche Potenziale gibt's und was muss man dafür tun, dass sich die wieder entfalten können?«
> (Brandmaier, 2019, S. 327)

Dieses Zitat einer Wiener Sozialarbeiterin spiegelt wider, wie gerade durch ein ressourcenorientiertes, parteiliches Vorgehen – trotz aller gesetzlichen und politischen Restriktionen – viele Potenziale der Adressat*innen unterstützt werden können. Der Knackpunkt steckt im letzten Teil ihrer Frage: Was muss, was *kann* dafür getan werden, dass sich diese Fähigkeiten, Kompetenzen und Potenziale der Einzelnen wieder entfalten können? Im Nachdenken über Soziale Arbeit, was sie leisten und was sie erreichen kann, dominieren meist die zahlreichen Handlungsbeschränkungen auf gesetzlicher, politischer und institutioneller Ebene, sowohl für die Adressat*innen als auch die Sozialarbeitenden.

Die Handlungsfähigkeit von Geflüchteten ist zwar erheblich eingeschränkt durch die rechtlichen und politischen Rahmenbedingungen, wird jedoch gerade in Sammelunterkünften beeinflusst vom Engagement und der Haltung der (psycho-)sozialen Fachkräfte (Behrensen u. Groß, 2004; Brandmaier, 2019; Osterkamp, 1996; Pieper, 2008). Ob die Unterstützung als hilfreich empfunden wird, hängt in erheblichem Maß ab vom Ausmaß an praktischer, rechtlicher oder psychosozialer Unterstützung und davon, ob eine anerkennende Beziehungsgestaltung realisiert wird (Brandmaier, 2019). In der Praxis besteht aufgrund der oben geschilderten Widersprüche und Beschränkungen der eigenen Handlungsfähigkeit das Risiko, dass Sozialarbeitende zwar gerade zu Beginn mit großem Engagement an ihre Arbeit herangehen, sich mit der Zeit jedoch ihre Frustrationserlebnisse häufen, was ihre Motivation und ihren Elan stark beeinträchtigt und zu unbewussten Abwehr- und Distanzierungsstrategien führt (vgl. Ottomeyer, 2011). Was kann getan werden, damit es nicht dazu kommt? Eine Initiative Hochschullehrender erarbeitete 2016 in ihrem »Positionspapier zu Sozialer Arbeit mit Geflüchteten in Gemeinschaftsunterkünften« Standards u. a. zu konzeptionellen Anforderungen, fachlichen Qualifikationen und Ausstattung, Beschäftigungsbedingungen und erforderlichen professionellen Kompetenzen. Da diese Forderungen mit dem hier zugrundeliegenden Konzept menschenrechtsbasierter Sozialer Arbeit übereinstimmen und noch immer nicht zur gängigen Praxis in Sammelunterkünften gehören, greifen wir sie an den entsprechenden Stellen auf und stellen sie ausführlicher dar.

6.1 Gestaltung der strukturellen Rahmenbedingungen der Sozialen Arbeit in Sammelunterkünften

Im Positionspapier der Initiative Hochschullehrender zur Sozialen Arbeit in Gemeinschaftsunterkünften (2016) werden von den Verfasser*innen verschiedene konzeptionelle Anforderungen gestellt. Die Trägerorganisationen von Sammelunterkünften sollten über »ausgewiesene wissenschaftsbasierte fachliche Betreuungs- und Unterbringungskonzepte verfügen« (S. 7), u. a. in den Bereichen Unterstützung, Beratung und Gewaltschutz bzw. -prävention, wobei die besonders vulnerablen Gruppen angemessen berücksichtigt werden sollen (vgl. auch Cremer, 2014; Rabe, 2015). Grundlage der Sozialen Arbeit stellen Ethik-Kodizes dar (vgl. Kapitel 2), dabei sollten auch ein kritisches Monitoring der Unterbringungs- und Versorgungssituation sowie ein Beschwerdemanagement gewährleistet sein. Die Empfehlung hinsichtlich der Mindeststandards bei der Personalausstattung liegt für die Soziale Arbeit mit geflüchteten Erwachsenen bei einem Personalschlüssel von 1:50, mit besonders schutzbedürftigen Personen bei 1:20 und in der Begleitung von Kindern bei 1:10. Das Personal sollte weiter »die in der Gesellschaft und die in den Unterkünften vorhandene Diversität im Team« (Initiative Hochschullehrender, 2016, S. 8) abbilden. Hier ist zugleich der Hinweis berechtigt, dass eine gut vernetzte Kooperation mit (Gemeinde- oder Laien-) Dolmetscher*innen erforderlich ist, damit Aufgaben der Sprachmittlung im hektischen Arbeitsalltag nicht an mehrsprachige Sozialarbeitende übertragen werden.

Soziale Arbeit in Sammelunterkünften als totalen Institutionen ist immer Bestandteil der, wie Täubig (2009) es nennt, »organisierten Desintegration« im Asylsystem: »Sie übernimmt eine aktive Rolle in der Aufrechterhaltung der ausschließenden Strukturen, da diese in den mit Fördergebern abgeschlossenen Verträgen festgeschrieben sind« (Stemberger et al., 2014, S. 37). Pieper (2008) geht sogar noch weiter, wenn er zuspitzt: »Analytisch ist der Lagerinnenraum als *potentiell rechtsfreier Raum* aufschlüsselbar, der den MitarbeiterInnen immer auch die Möglichkeit der repressiven Zuspitzung der Lagerbedingungen gestattet« (S. 345, Hervorh. i. O.). Was kann dennoch humanitäres Engagement auf Seiten des Personals und der Leitung von Sammelunterkünften begünstigen? Wenn deren Betrieb, die Versorgung und die Betreuung in der Hand von NGOs und Wohlfahrtsverbänden liegt anstatt bei privatwirtschaftlichen oder staatlichen Akteur*innen, dann erhöht dies die Wahrscheinlichkeit, dass die Interessen des Personals nicht mehr zwangsläufig mit staatlichen Interessen übereinstimmen. Hierin sieht Pieper (2008) auch einen Unterschied zur totalen Institution, wenn er betont, dass in Sammelunterkünften die Interessen der einzelnen Mitarbeiter*innen oft von denen der Behörden (Ausländerbehörden, BAMF etc.) abweichen:

> »Aus diesen Widersprüchen können Handlungsmöglichkeiten für die BewohnerInnen entstehen […]. Da viele Wohlfahrtsverbände in den Lagerbetrieb involviert sind, kann sich hier im Einzelfall humanitäres Engagement entwickeln. In den Ausreiseeinrichtungen dagegen entsteht durch die Koordinierung der einzelnen Behörden und MitarbeiterInnen durch die Leitung ein repressiver, widerspruchsfreier Block« (S. 345).

Ein wichtiger Faktor dafür, wie unterstützend Sozialarbeitende wahrgenommen werden, ist laut der Initiative Hochschullehrender (2016) die prinzipielle Ansprechbarkeit für verschiedene Fragen und Anliegen. Dies kann Adressat*innen in ihrer Alltagsbewältigung deutlich entlasten. Transparenz hinsichtlich der Ansprechbarkeit für Beratung und Betreuung sollte gewährleistet sein durch z. B. feste Sprechzeiten oder ein (verständliches) Organigramm. Gerade zu Beginn gilt es, Erstaufnahmegespräche zu führen sowie bedarfsorientiert an andere soziale Dienste oder Fachberatungsstellen zu vermitteln, mit denen im Idealfall gut vernetzte Kooperationen bestehen. Darüber hinaus sollte in Sammelunterkünften eine qualifizierte Beratung in sozial- und aufenthaltsrechtlichen Fragen garantiert sein (S. 7). Ein wichtiger Aspekt zur Sicherung einer hohen fachlichen Qualität der Beratung und Betreuung sind die Gewährleistung von Super- und Intervision, von Fortbildungen und Weiterqualifizierungen sowie von Zeiten zur fachlichen Reflexion und Konzeptionierung, zum Austausch mit Kolleg*innen in anderen Organisationen und für fachpolitisches Engagement (S. 8).

6.2 Haltung und Reflexion als Grundvoraussetzungen menschenrechtsbasierter Sozialer Arbeit

Erst eine wertschätzende, vertrauensvolle Arbeitsbeziehung ermöglicht eine gute Kenntnis über die Anliegen, Kompetenzen und Ziele der Adressat*innen und damit eine bedürfnisorientierte Unterstützung sowie in Krisenfällen ein schnelles Intervenieren. In Bezug auf die belastende, beengte und angespannte Lebenssituation in den Sammelunterkünften ist sie außerdem Teil der notwendigen Gewalt- und Konfliktprävention. Wenngleich die Beziehungen zwischen den Bewohner*innen und dem Personal von dem bereits angesprochenem asymmetrischen Machtverhältnis (vgl. auch Staub-Bernasconi, 2016) durchdrungen sind, ist intersubjektive Anerkennung (Honneth, 2012) möglich, sofern Sozialarbeitende eine parteiliche, ressourcenorientierte und wertschätzende Haltung einnehmen. Hierzu gehört auch, sich Wissen über die rechtlichen, sozialen, wirtschaftlichen und politischen Rahmenbedingungen anzueignen, die Bereitschaft, die eigene Rolle und den eigenen Arbeitskontext zu reflektieren und zu hinterfragen, sowie größtmögliche Transparenz über die eigenen Kompetenzen, realistische Handlungsspielräume und die eigene Arbeitsweise zu gewährleisten (vgl. Brandmaier, 2019; Krueger, 2013; Stemberger et al., 2014). Transparenz beugt auch überhöhten Erwartungen seitens der Geflüchteten an den Einfluss und die Handlungsmacht der Sozialarbeitenden vor. Respekt, Anerkennung und eine Beziehungsgestaltung zwischen Sozialarbeitenden und Adressat*innen auf Augenhöhe kann einen Gegenpol zu der alltäglich erfahrenen Nichtanerkennung oder gar Missachtung im Asylverfahren und in der Aufnahmegesellschaft sowie der strukturellen Entmächtigung darstellen (Brandmaier, 2019). Konkret kann dies etwa bedeuten, Adressat*innen ausreichend Zeit zu widmen und sie als Expert*innen für ihre eigene Lebensführung und Ziele im Leben anzuerkennen, in Konfliktsituationen bewusst neutral zu bleiben, psychosoziale Problemlagen nicht zu pathologisieren oder kulturalisieren sowie Adressat*innen nicht zu infantilisieren, sondern sich bewusst dem jeweiligen Menschen in seiner Komplexität und mit seinen vorhandenen und wieder zu entdeckenden Ressourcen zu widmen. In diesem Zusammenhang ist es wichtig, eventuell auftretende Gefühle von Fremdheit und Befremden zu reflektieren, um sich eigene Vorurteile und Stereotype zu verdeutlichen und diese nicht handlungsleitend werden zu lassen (vgl. Merbach, 2019).

Wie bereits geschildert, leiden Geflüchtete stark darunter, dass sie in ihrer alltäglichen Lebensführung weitgehend nicht autonom und selbstbestimmt agieren können. Es gibt unterschiedliche Möglichkeiten, damit umzugehen. Handlungsfähigkeit kann sich in vielfältiger Weise äußern und auch die Beziehung zu Sozialarbeitenden beeinflussen. Versuche, die Handlungsfähigkeit zu erweitern, können als überschreitendes Handeln bezeichnet werden, da sie die engen Handlungsgrenzen überschreiten (für wissenschaftliche Analysen der Handlungsfähigkeit geflüchteter Menschen in Sammelunterkünften vgl. Brandmaier, 2019; Geiger, 2016; Pieper, 2008; Täubig, 2009). Dazu zählt etwa das in Kapitel 4 dargestellte »Unterleben«, es bildet einen Versuch, sich innerhalb der vorgegebenen Strukturen ein gewisses Maß an Handlungsfähigkeit zu erhalten. Eine weitere Form von widerständigem Handeln kann

z. B. sein, wenn Geflüchtete Wünsche oder Forderungen sowie Kritik und Beschwerden offiziell äußern, beispielsweise gegenüber Mitarbeiter*innen von Behörden, aber auch gegenüber den Sozialarbeitenden in der Sammelunterkunft. Für Fachkräfte besteht hier die Gefahr, solche Adressat*innen als lästig wahrzunehmen, womöglich eine unbewusste Abwehrhaltung einzunehmen, weil die einzelnen Anliegen aufgrund der eigenen begrenzten Handlungsfähigkeit eventuell wirklich nicht unterstützt werden können. Bei den Adressat*innen entsteht dann wiederum der Eindruck, kein Gehör zu finden und in ihrer Individualität nicht anerkannt zu werden.

> **Beispiel aus der Praxis**
>
> Ein afghanischer Geflüchteter erlebte das Leitungs- und Betreuungspersonal einer großen Sammelunterkunft als gleichgültig oder sogar ablehnend, da er sich in seinen Anliegen nicht ernst genommen und nicht unterstützt fühlte. Er schilderte, wie er abgewiesen wurde oder sie ihm nicht helfen konnten, u. a. weil die Anliegen nicht in ihrem Einflussbereich lagen. So berichtet er über den Leiter der Sammelunterkunft:
> »Die anderen Afghanen oder Iraner gehen zu ihm, wenn sie familiäre Probleme haben. Aber wenn man zu ihm geht, einmal zweimal da war, dann ist ihm das egal. Wenn ich von dir verlange: ›Gib mir ein Glas Wasser‹, und das Glas Wasser steht neben dir und du sagst, das ist nicht meine Sache. Und ich kann mir das aber selbst nicht nehmen. Dann brauch ich nicht zu ihm gehen und mir nicht umsonst Mühe machen. Der Leiter ist da bis vier, und um vier geht er dann zurück zu seiner Familie, zu seiner Frau und zu seinen Kindern. Es gibt einfach niemanden hier, der mitfühlt, der sich sowas anhört«. (Vgl. Brandmaier, 2019, S. 308. Die Zitate wurden sprachlich leicht bearbeitet.)

> Das Zitat macht die Enttäuschung und Resignation und den darauf erfolgten Rückzug deutlich spürbar. Wie individuell unterschiedlich Unterstützung und Beziehungsgestaltung wahrgenommen werden, zeigte sich in Aussagen von Personen aus derselben Unterkunft, die ein ganz anderes Bild von der Leitung und dem Betreuungspersonal zeichneten – ein unterstützendes, zugewandtes. Was die geführten Interviews außerdem offenbarten, war, dass die Personen unterschiedliche persönliche Voraussetzungen und Kompetenzen mitbrachten und ganz unterschiedliche kommunikative Strategien verfolgten, um beim Betreuungspersonal Gehör für ihre Anliegen zu erlangen.

Sich um die eigenen Bedürfnisse zu kümmern und beispielsweise Bedingungen einzufordern, die notwendig sind, um die eigene Gesundheit zu erhalten, bedeutet auch Selbstachtung. Für die psychische Gesundheit ist es zentral, sich selbst als Mensch wahrzunehmen, dem Rechte zustehen und dessen Bedürfnisse relevant sind, und wenn dies verwehrt wird, Kämpfe um Anerkennung zu führen (vgl. Brandmaier, 2019; Ottomeyer, 2014a). Ein solches widerständiges Handeln als alltäglichen Kampf um Anerkennung und als Ausdruck der Erhaltung von Handlungsfähigkeit anzuerkennen, reflektiert eine beispielhafte parteiliche, solidarische Haltung in der Sozialen Arbeit.

6.3 Traumapädagogische Kompetenzen und Sensibilität für psychosoziale Belastungsfaktoren

Die häufig jahrelange Unsicherheit im aufenthaltsrechtlichen Verfahren und die dauerhaft eingeschränkte Handlungsfähigkeit sowie alltägliche Erfahrungen von Ohnmacht sind verbunden mit einer erheblichen psychischen Belastung und führen bei vielen Betroffenen zu sozialem Rückzug und einer abnehmenden Eigeninitiative, einem Gefühl der Perspektivlosigkeit, Demoralisierung und letztlich in vielen Fällen zu psychischen Störungen (für einen Überblick über die aktuelle Studienlage s. Brandmaier, 2019; Johansson, 2015). Erscheinen die Adressat*innen resigniert, antriebslos und schwer zu motivieren, so gilt es zu bedenken, dass ein gewisses Maß an Resignation eigentlich Voraussetzung ist, um die eigenen Ziele, Wünsche und Erwartungen, letztlich die ursprünglichen Lebensinteressen, an die im Exil vorhandenen – sehr begrenzten – Handlungsspielräume anzupassen. Droht diese Haltung generalisiert auf die gesamte Lebensspanne angewandt zu werden, so dass das eigentliche Leben im Exil nicht mehr realisierbar erscheint, birgt das das Risiko dauerhafter Passivität und Lethargie (Brandmaier, 2019). Was können (psycho-)soziale Fachkräfte dagegen unternehmen? Sich das komplexe Gefüge aus strukturellen und individuellen Handlungsbeschränkungen zu vergegenwärtigen, hilft dabei, Passivität, Antriebslosigkeit und Demoralisierung nicht zu individualisieren oder gar zu pathologisieren. In einer wertschätzenden Beziehung werden psychische Krisen und Einbrüche akzeptiert (vgl. Krueger, 2013). Durch eine anerkennende und parteiliche Haltung können sich Sozialarbeitende als vertrauenswürdige Bezugspersonen für psychosoziale Problemlagen etablieren (vgl. Gahleitner, 2017).

Sozialarbeiterische Interventionen können aber durchaus auch am Bedarf der Adressat*innen vorbeigehen. So ist es möglich, dass an diese von außen herangetragene Angebote, wie etwa hausinterne Deutschkurse oder Freizeitangebote oder auch psychologische Beratung bzw. Therapie nicht genutzt werden, wenn die Prioritäten und Bedürfnisse der Adressierten ganz woanders liegen, nämlich beispielsweise auf der Wohnungssuche oder der Sorge um die zurückgebliebene Familie im Herkunftsland (Brülke et al., 2019).

Sozialarbeitende sollten sich davor hüten, ihren »guten Willen« in Form von aufgezwungener Hilfe Menschen überzustülpen, die extreme Gewalt erfuhren und möglicherweise noch darunter leiden. Ein Beispiel aus der Praxis soll dies veranschaulichen.

> **Beispiel aus der Praxis**
>
> Herr S.[26], ein ehemaliger (syrischer) Kriegsgefangener, der laut eigenen Aussagen während seiner Gefangenschaft regelmäßig gefoltert wurde, fiel einer Sozialarbeiterin in einer Sammelunterkunft auf, da er häufig alkoholisiert war und auf sie gleichzeitig sehr verzweifelt wirkte in seinem Anliegen, wegen extrem schlechter Träume und des dadurch häufig unterbrochenen Tag-Nacht-Rhythmus unbedingt ein Einzelzimmer zu benötigen. Er gab an, anderen Menschen nicht zu vertrauen und das Wohnen in einem Doppelzimmer nicht aushalten zu können. Zudem berichtete er von Erlebnissen, die Dissoziationen glichen. Seinen Alkoholkonsum erklärte er damit, die schrecklichen Erlebnisse dadurch vergessen zu können. Auch würde er seine Familie sehr stark vermissen und unter der Ungewissheit der noch ausgebliebenen Entscheidung über sein Asylgesuch leiden. Die Sozialarbeiterin empfand ihm gegenüber ein starkes Handlungsbedürfnis und riet dem jungen Mann eindringlich, traumaspezifische Beratung wahrzunehmen, die er anfangs ablehnte, um dann doch in sie einzuwilligen. Die bezirkseigene

---

26 »Herr S.« steht als erfundenes Pseudonym und wird zur einfacheren Lesbarkeit verwendet. Die Abkürzung des Buchstabens entspricht nicht dem eigentlichen Namen der Person.

Psychiatrie bot eine ambulante traumaspezifische Beratung an, die sich zwar noch im Anfangsstadium befand, jedoch aufgrund der langen Wartelisten von alternativen, auf Flucht und Trauma spezialisierten Beratungsstellen die scheinbar einzige Möglichkeit darstellte, um schnelle Abhilfe zu schaffen. Zweimal suchte Herr S. mit der Sozialarbeiterin die Beratung auf, beide Male mussten die Termine frühzeitig abgebrochen werden. Zum einen fehlte es an Sprachmittler*innen, sodass sich Herr S. nicht in seiner Primärsprache ausdrücken konnte. Zum anderen teilte er mit, dass ihm das Sprechen über die grauenvollen Erlebnisse allgemein sehr schwerfalle und er nicht weiter daran denken könne und möchte. Dass bei der zweiten Konsultation anderes Fachpersonal anwesend war, erschwerte die Situation, weil dieses nochmals eine kurze Zusammenfassung seiner Erlebnisse erfragte. Herr S. äußerte im Anschluss an die beiden ärztlichen Konsultationen den Wunsch, sich zu betrinken, da die Bilder und Gefühle der wieder aufgewühlten Erlebnisse nicht anders auszuhalten seien. Er teilte außerdem mit, keine weiteren Sitzungen mehr wahrnehmen zu wollen.

Die Sozialarbeiterin gestand sich zu diesem Zeitpunkt ein, dass von Anfang an sie es war, die es nicht ertragen konnte, die Situation des jungen Mannes mit anzusehen und mit dieser nicht professionell und reflexiv genug umgegangen zu sein. Sie erkannte, dass die angebotene Unterstützungsmöglichkeit nicht an die Bedürfnisse von Herrn S. angepasst war, da das Sprechen über das Erlebte in diesem Setting sein Befinden sogar verschlechterte und dem nicht entgegenwirkte. Für andere Personen hätte dieses Angebot möglicherweise die gewünschte Unterstützung/Abhilfe geschaffen, aber im Fall von Herrn S. traf dies nicht zu. Sein ursprünglicher Auftrag bezog sich ausschließlich auf die (in einer Sammelunterkunft besonders schwer umsetzbare) Möglichkeit des Einzelzimmers, das er als Ruhe- und Rückzugsort benötigte. Nachdem dieser Wunsch letztlich durch viel argumentative Auseinandersetzung mit der Leitung und dem Team der Sammelunterkunft ermöglicht wurde, teilte er mit, sich selbst als Ziel gesetzt zu haben, das Trinken zu reduzieren. Dafür nahm er sich vor, den Konsum täglich auf ein bestimmtes Maß zu beschränken und dies auf für ihn realisierbare Weise peu á peu weiter zu reduzieren. Mit einigen Ausnahmetagen hielt er sein Vorhaben ein. Nachdem ihm die Flüchtlingseigenschaft zuerkannt wurde, empfand er große Erleichterung. Er setzte sich daraufhin neue Ziele und widmete sich dem Spracherwerb, der Arbeits- sowie der Wohnungssuche. All dies gelang ihm eigenständig. Er suchte kaum Unterstützung von Sozialarbeitenden; vielmehr war ihm Autonomie besonders wichtig.

An diesem Fallbeispiel wird deutlich, wie ausschlaggebend es ist, die Bedürfnisse der Adressat*innen anzuhören und zu akzeptieren, wenn sie Vorschläge ablehnen. Es zeigt auch, dass es hilfreich ist, sensibel zu reflektieren und zu hinterfragen, aus welcher Motivation heraus die Zustimmung zu einem Angebot erfolgte. Denn es kann durchaus in Betracht gezogen werden, dass die angefragten Personen dies als Gefallen für die Sozialarbeitenden machen und nicht aus einem eigenen Bedürfnis heraus. Des Weiteren zeigt es das empowernde Moment, an dem die Sozialarbeiterin anknüpfen konnte, hier der besonders starke Wille und Ehrgeiz des Herrn S. Seine Autonomie und Selbstermächtigung zu unterstützen, war eine wichtige Aufgabe der Sozialarbeiterin.

Untersuchungen gehen davon aus, dass ein Großteil der Geflüchteten traumatische Erlebnisse hatte und die

Wahrscheinlichkeit traumareaktiver Erkrankungen, wie z. B. posttraumatischer und affektiver Störungen, im Vergleich zur Allgemeinbevölkerung stark erhöht ist (vgl. Gäbel, Ruf, Schauer, Odenwald u. Neuner, 2006; Johansson, 2015; Kröger, Frantz, Friel u. Heinrichs, 2016). Wenngleich eine Vielzahl der Geflüchteten im Herkunftsland, auf der Flucht oder auch im Aufnahmeland extreme Gewalt erlebt hat, zeigt dennoch nur ein in verschiedenen Studien unterschiedlich hoch bezifferter Anteil posttraumatische Belastungsreaktionen. Handlungsfähigkeit, Arbeits- und Konzentrationsfähigkeit, die Fähigkeit zur Alltagsorganisation sowie soziale Kompetenzen und die Beziehungsfähigkeit können durch traumareaktive und affektive Störungen beeinträchtigt sein, was wiederum Folgen für das Verhältnis zu Mitbewohner*innen und auch zum Personal haben kann. Zeitweise bedürfen Geflüchtete aufgrund psychischer Beeinträchtigung mehr Hilfe und Unterstützung in der Alltagsorganisation und in der Entwicklung von Handlungs- und Zukunftsperspektiven – aber nicht alle!

> **Beispiel aus der Praxis**
>
> Eine Sozialarbeiterin in einer Wiener Sammelunterkunft schildert die Situation junger Geflüchteter aus Tschetschenien, die im Krieg aufgewachsen waren und keine oder wenig (Aus-)Bildung erhalten hatten:
> »Denen ist dann hier auch langsam bewusst geworden, dass sie leider KEINEN Beruf gelernt haben und dass sie hier von null anfangen müssen. Diese jungen Männer haben's schwirig gehabt, eine Rolle zu finden oder ein Selbstbild zu entwickeln, das dann wieder okay hier ist. Manche sind dann bereit, das zu reflektieren und gehen in Psychotherapie, und versuchen irgendwo anders dieses Stück Entwicklung nachzuholen. Und dann hängt's davon ab, in welchem Zustand du psychisch bist und

> was du dir zutraust. Für manche ist es einfach schwierig, wenn du eigentlich so belastet bist, dass du dich gar nicht auf das einlassen kannst. Wenn die sehr schlimme Kriegserlebnisse hatten, war's zu früh zum Teil. Also da muss man zuerst heilen, bevor man sich auf sowas konzentrieren kann«. (Vgl. Brandmaier, 2019, S. 257. Die Zitate wurden sprachlich leicht bearbeitet.)
>
> Flucht und das Leben im Exil bedeuten meist eine große Veränderung in den gewohnten Handlungs- und Bewältigungsmustern, die teilweise nicht mehr wirksam sind.

In solchen Fällen sind grundsätzliche Kompetenzen im Bereich der Traumapädagogik (vgl. Weiß, Kessler u. Gahleitner, 2016) gefragt, um eine traumasensible und ressourcenorientierte (psycho-)soziale Arbeit zu gewährleisten. Wissen über die Anzeichen von Traumatisierung, die komplexen Erscheinungsformen traumareaktiver Störungen, kulturelle Einflüsse auf die Ausprägung psychischer Symptomatik sowie mögliche traumabedingte Beeinträchtigungen im Sozialverhalten helfen dabei, Verhaltensweisen von Adressat*innen besser einschätzen zu können und in einer angemessenen, nicht intrusiven Weise das mögliche Vorhandensein einer Traumatisierung sowie der individuellen Bedürfnisse und Wünsche zu explorieren. Entsprechende traumapädagogische Fortbildungen und eine Sensibilisierung des gesamten Personals für Traumatisierung und deren Folgen sind hierfür unerlässliche Voraussetzungen.

Traumapädagogische Interventionen können grundsätzlich auch im Kontext der Sammelunterkunft angewandt werden – Tipps zu Möglichkeiten psychosozialer Diagnostik und praktischen Vorgehensweisen stellt der Band »Psychosoziale und traumapädagogische Arbeit mit geflüchteten Menschen« vor (Gahleitner, Zimmermann u.

Dito, 2017). Allerdings erschweren die derzeitigen Arbeitsbedingungen in den Sammelunterkünften, wie z. B. Personalmangel, ungünstige Betreuungsschlüssel, übermäßige Dokumentationspflicht oder eben der staatliche Kontrollauftrag traumapädagogisches Arbeiten im engeren Sinne, da es dafür mehr Zeit für die individuelle Zuwendung und Beratung bzw. Begleitung bräuchte.

Bei Verdacht auf eine traumareaktive Störung sollte nach einem ersten Screening (vgl. Stingl, 2014), sofern von den Betroffenen gewünscht, der Kontakt zu psychosozialen Zentren oder Beratungsstellen hergestellt werden. Eine enge Vernetzung und Zusammenarbeit mit Psycholog*innen und psychosozialen Zentren[27] ist also sehr wichtig. Zum Teil implementieren Bundesländer oder Trägerorganisationen eigens Stellen für psychologische oder psychosoziale Fachkräfte in den Unterkünften, wie z. B. in Berlin. In manchen Erstaufnahmeeinrichtungen werden Screening-Verfahren durchgeführt, um traumatisierte Personen schnell in entsprechende Hilfeangebote zu vermitteln (vgl. Stingl, 2014). Wichtig ist hierbei jedoch auch, sich stets nach den Bedürfnissen der betroffenen Personen zu erkundigen, um der Gefahr des Überstülpens der – gutgemeinten und sicherlich auch fachlich begründeten – Intervention entgegenzuwirken.

Zentrale, handlungsleitende Ziele der psychosozialen Arbeit mit traumatisierten Menschen lauten grundsätzlich »Rückgewinnung und Erhalt von Autonomie und Selbstbestimmung, des Gefühls, Macht über sich selbst zu haben und nicht wieder fremdbestimmt zu werden: Ermächti-

---

27 In Deutschland sind diese vernetzt unter dem Dachverband Bundesweite Arbeitsgemeinschaft der Psychosozialen Zentren für Flüchtlinge und Folteropfer e. V. (BAfF), in Österreich unter dem Dachverband NIPE – Netzwerk für interkulturelle Psychotherapie nach Extremtraumatisierung.

gung statt strukturbedingter Entmächtigung« (Schulze u. Kühn, 2012, S. 178). Im institutionellen Kontext bedeutet dies auch, dass nicht die Anpassung an institutionelle Regeln und Logiken im Vordergrund stehen sollte, sondern Selbstbestimmung, Mitgestaltung und Partizipation im Alltag der Institution gefördert wird, um ein Korrektiv zu Ohnmachtserfahrungen anzubieten.

6.4 Partizipation

Es gibt in Sammelunterkünften durchaus partizipative Ansätze, wenn beispielsweise Projekte initiiert werden, in denen es darum geht, die Gestaltung der Sammelunterkunft zu organisieren, oder Hausversammlungen ins Leben gerufen werden, um Probleme im Zusammenleben anzusprechen und bei der Entwicklung von Lösungsvorschlägen mitzuwirken etc. (vgl. Brandmaier, 2019). Höhere Stufen der Partizipation würden allerdings noch mehr Mitspracherecht im unmittelbaren Lebensumfeld bedeuten (vgl. Schulze u. Kühn, 2012). Im Positionspapier zu Sozialer Arbeit in Gemeinschaftsunterkünften wird empfohlen, etablierte Verfahren der Beteiligung der Betroffenen (Empowermentkonzepte u. Beschwerdemanagement, orientiert an § 45 SGB VIII) zu berücksichtigen und weiterzuentwickeln. Durch nachvollziehbare, effektive Möglichkeiten, bei unabhängigen externen Stellen Beschwerde einzulegen, soll mehr Selbstbestimmung ermöglicht werden (Initiative Hochschullehrender, 2016, S. 7).

In der konkreten Beratungssituation kann Teilhabe dadurch ermöglicht werden, dass Adressat*innen in Entscheidungen, die ihr eigenes Leben betreffen, einbezogen werden, sei es der Besuch von Bildungs- oder Freizeitangeboten, die Wahl einer Rechtsberatung etc. – und dass sie auch die Möglichkeit haben, Angebote abzulehnen. Dies ist im Hinblick auf die ohnehin sehr restriktiven Lebensbedingungen, dem eingeschränkten Zugang z. B. zu sozialen Diensten oder dem Bildungssystem und angesichts des bereits dargestellten asymmetrischen Machtverhältnisses in Sammelunterkünften nicht selbstverständlich, sondern bedarf einer bewussten Haltung der Sozialarbeitenden. Wenn das Ziel ist, die Adressat*innen in ihrer Autonomie und Handlungsfähigkeit zu stärken, so bedeutet dies etwa auch, deren Sicht auf den Sachverhalt zu akzeptieren, um die Ressourcen der Person zu erschließen, sowie vermeintlich eindeutige Lösungsstrategien zu vermeiden, um die Wahrscheinlichkeit der Problemlösung zu erhöhen. Dies verlangt in der Betreuungssituation kontinuierliche Aushandlungsprozesse, welche die Bedürfnisse und Anliegen der Adressat*innen berücksichtigen und sensibel für Dominanzprozesse sein sollten (Lenz, 2011). So können z. B. in der Formulierung von Anliegen und Zielen neben dem Problem auch die Ressourcen, Bedürfnisse und Wünsche der Adressat*innen sowie gemeinsam explorierte Schritte zur Zielerreichung festgehalten werden. Verfolgen Sozialarbeitende hauptsächlich ihre eigenen Vorstellungen über die Erfordernisse der Integration und realistische Lösungswege, so kann keine »Partizipation im Sinne von aktiver Teilhabe in der Hilfebeziehung« (S. 25) ermöglicht werden. In vielen Fällen fehlt jedoch schlichtweg die Zeit, sich Anliegen und Sachverhalten ausführlich zu widmen, was letztlich Erfahrungen von Ohnmacht und Ausgeliefertsein reproduziert.

6.5 Empowerment

Grundsätzlich kann Soziale Arbeit die Handlungsfähigkeit im Alltag fördern, »indem sie dort aufbaut, wo Handlungsmacht gegeben ist, indem sie versucht, die Autonomie der KlientInnen zu stärken und indem sie darauf fokussiert, die Teilnahme und Teilhaberechte von

KlientInnen zu erweitern« (Stemberger et al., 2014, S. 37). Durch die prinzipielle Möglichkeit, das Unterleben in gewissem Ausmaß zu tolerieren sowie bei der Durchsetzung der Regeln der Hausordnung auf die individuellen psychosozialen Problemlagen, die psychischen Dispositionen und die Bedürfnisse der Adressat*innen einzugehen, können Handlungsspielräume zwar nicht strukturell, aber punktuell erweitert werden. Hierfür bedarf es auch der Kooperation mit anderen Akteur*innen aus dem Sozial- und Bildungswesen sowie dem Gesundheitssystem, aber auch mit zivilgesellschaftlichen Organisationen bzw. Initiativen sowie Selbstorganisationen von Migrant*innen und Geflüchteten.

Von den Adressat*innen werden täglich vielfältige Anliegen der Alltagsorganisation (z. B. Ausfüllen von Formularen und Anträgen, Kommunikation mit Behörden, Terminvereinbarungen etc.) an Sozialarbeitende herangetragen, weil diesen entweder eine größere Handlungsmacht zugeschrieben wird oder sie Handlungsziele tatsächlich mit einer höheren Wahrscheinlichkeit und schneller erreichen können. Dies steht im Widerspruch zu dem Ziel, Eigeninitiative und Selbstbestimmung zu fördern.

Neben praktischer Unterstützung können Sozialarbeitende auch emotionale Unterstützung leisten und ersetzen manchmal sogar soziale Unterstützungsstrukturen. Besonders Personen, die auf kein oder nur ein kleines, mittelloses soziales Netz zurückgreifen können, haben einen größeren Unterstützungsbedarf im Bereich der Alltagsorganisation.

Beispiel aus der Praxis

In einer ländlich gelegenen, kleinen Sammelunterkunft in Tirol zeigte sich deutlich, wie eine wertschätzende, zugewandte Haltung der Leitung und der Betreuer*innen den Adressat*innen ein Gefühl der sozialen Anerkennung vermittelte und zu einem positiven Klima innerhalb der Sammelunterkunft beitrug. Die Betreuer*innen unterstützten die Adressat*innen in praktischen Fragen der Alltagsorganisation, vereinbarten z. B. Termine, kümmerten sich darum, dass möglichst viele Bewohner*innen geringfügig entlohnte Tätigkeiten in der Unterkunft und in der Gemeinde ausüben konnten, organisierten Deutschkurse und unterstützten Kinder und Jugendliche beim Schulbesuch und im Bereich der Bildung. Das überdurchschnittliche Engagement der Leitung konnte zwar nicht grundsätzlich die Handlungsfähigkeit erweitern, erschloss den Adressat*innen jedoch Handlungsspielräume, die andere Asylsuchende in vergleichbaren Strukturen nicht hatten. Schnelle, spontane Unterstützung in Krisensituationen, auch außerhalb der eigentlichen Arbeitszeit, wurde von den Adressat*innen als besondere Form der Anerkennung wahrgenommen – sie fühlten sich als Mensch und Person angesehen und behandelt. So beschrieb eine Bewohnerin die Heimleitung: »Sie ist in allem sehr bemüht, wenn sie helfen kann, dann hilft sie auch«. Zugleich wurde deutlich, dass einige Unterstützungsleistungen, wie z. B. die Organisation von Terminen, zwar reibungslose Abläufe ermöglichten, zugleich jedoch bei manchen Abhängigkeiten begünstigte und Kompetenzen der Alltagsorganisation nicht gefördert wurden. So meinte ein Bewohner: »Ich glaube niemand im ganzen Heim kann das selber machen. Wenn ich zum Beispiel einen Arzt brauche, ich kenne niemanden, und die Betreuerin macht das alles«. Grundsätzlich gab es jedoch auch die Möglichkeit, diese Dinge selbst zu erledigen, so eine Bewohnerin: »Wir versuchen natürlich auch nicht sie mit Arbeit zuzuschütten, zu nerven, sondern auch selbstständig Sachen zu erledigen«. Es wurde eine Form der bedürfnisorientierten praktischen und psychosozialen

> Unterstützung verwirklicht, mit der Abwägung, welche
> Bewohner*innen in der Alltagsorganisation stärker unterstützt werden mussten.[28]

Soziale Unterstützung durch Sozialarbeitende kann etwa auf gesellschaftliche, kulturelle und soziale Teilhabe, wie z. B. die Förderung sozialer Unterstützung oder verbesserten Zugang zu Rechtsberatung, Gesundheitsversorgung sowie zu Angeboten im Bildungs- oder Arbeitssektor ausgerichtet sein und damit Handlungsfähigkeit erweitern. Im besten Fall ist dies auch mit besseren Chancen im aufenthaltsrechtlichen Verfahren verbunden. Viele Interventionen dienen außerdem dazu, eine Tagesstruktur zu etablieren und damit die psychische Stabilität zu stärken, aber auch zur Konflikt- und Krisenprävention. Es wird versucht, trotz einer nicht normalen Lebenssituation ein Stück Normalität in den Alltag zu bringen, z. B. durch die Organisation von Freizeitaktivitäten, Deutschkursen oder gemeinnützigen bzw. ehrenamtlichen Tätigkeiten. Es zeigt sich, dass Geflüchtete, die in Sammelunterkünften durch Sozialarbeitende in der Alltagsorganisation umfassend betreut werden, auch weniger Unterstützung externer Beratungsstellen benötigen, die Handlungsfähigkeit mit zunehmender Dauer des Aufenthalts aufgrund der oben geschilderten Tendenzen der Zermürbung und Demoralisierung aber dennoch abnimmt (Brandmaier, 2019).

Selbst dort, wo eine Asymmetrie in den professionellen Hilfebeziehungen besonders stark ist, z. B. aufgrund höherer Hilfsbedürftigkeit oder in Zwangskontexten, zu denen auch die Unterbringung in Sammelunterkünften gehört, kann laut Lenz »Empowerment als authentische

---

28 Bei dem Beispiel handelt es sich um eine gekürzte Darstellung des Falls bei Brandmaier (2019, S. 310 ff.).

und ernst gemeinte professionelle Grundhaltung« (2011, S. 22) neue Handlungsmöglichkeiten erschließen. Gerade vor dem Hintergrund der schleichenden Abnahme von Selbstständigkeit und Eigeninitiative kommt »Empowerment« eine besondere Bedeutung zu (für ein grundlegendes Verständnis der Theorie und Praxis von Empowerment in der Sozialen Arbeit s. Herriger, 2010). Dabei sind nicht nur aktivierende Interventionen im Bereich Freizeit, Bildung etc. oder die Förderung von Selbstständigkeit in der Alltagsorganisation gemeint, sondern die Unterstützung von Selbstbemächtigung (Weiß, 2016a, 2016b), so dass Entscheidungskompetenzen im Hinblick auf das eigene Leben zurückgewonnen werden. Dies kann, eng orientiert an den persönlichen Ressourcen und Bedürfnissen der Adressat*innen, bedeuten, Handlungsspielräume ausführlich zu explorieren, Informationen zur Verfügung zu stellen, damit sie selbst Entscheidungen treffen können, sowie gegebenenfalls schrittweise die selbstständige Alltagsbewältigung zu fördern (z. B. im Rahmen von Case-Management). Ein individuelles kompetenz- und ressourcenorientiertes Vorgehen mit einer flexiblen Gestaltung stellvertretender Interventionen erweist sich vor allem für psychisch belastete, von der gegenwärtigen Lebenssituation überforderte Adressat*innen als wichtig (Brandmaier, 2019).

6.6 Kernkompetenzen

Im Positionspapier zur Sozialen Arbeit in Gemeinschaftsunterkünften wird ein Katalog von zwölf Kernkompetenzen für die Beratung, Betreuung, Kooperation und Vermittlung von Geflüchteten gefordert, wofür die Vermittlung entsprechender Kenntnisse und Fähigkeiten in Studiengängen der Sozialen Arbeit bzw. Sozialpädagogik als Voraussetzung erachtet wird:

1. »Kenntnisse fachwissenschaftlicher Grundlagen Sozialer Arbeit, die zu einem reflexiven Blick, bspw. auf Ziele, Aufgaben und Funktionen Sozialer Arbeit, zu bearbeitende Problemlagen, gesellschaftliche und organisationale Rahmenbedingungen, Fragen der Professionalität und der Handlungskonzepte, befähigen
2. Kommunikations- und Beratungskompetenz, u.a. reflexiver Blick auf Individualität, soziale Bindungen, Traumatisierungen, Werte, Biografie, aktuelle und vergangene Lebensumstände und Lebenserfahrungen bei sich selbst und bei den Klient_innen, traumapädagogische Kompetenzen, Orientierung auf Anerkennung und Diskriminierungskritik
3. Diskriminierungssensible Kompetenzen und Auseinandersetzung mit den Themenkomplexen Rassismus und Kulturalisierung
4. Kenntnisse der sozialrechtlichen Rahmenbedingungen, denen Geflüchtete unterworfen sind (z.B. Asylbewerberleistungsgesetz), Kompetenzen im Bereich des Eintretens gegen Rassismus und Diskriminierung vor allem auf sozialräumlicher, lokaler und kommunaler Ebene
5. Grundkenntnisse des internationalen (Flüchtlingskonvention, UN-KRK), europäischen (Dublin-VO, Asyl-Richtlinien) und bundesdeutschen Migrationsrechts (insb. Asylgesetz, Aufenthaltsgesetz)
6. Sozialwissenschaftliche Kenntnisse im Bereich Flucht und Migration, der biografischen Erfahrungen und aktuellen Herausforderungen, denen sich die Zielgruppe gegenübersieht, wie z.B. vergangener und gegenwärtiger traumatisierender Erfahrungen
7. Fähigkeiten des Erkennens von spezifischen Bedürfnissen und spezifischer Vulnerabilität sowie von Traumatisierung, Kindeswohlgefährdung und unterschiedlichen Rassismuserfahrungen, verbunden mit dem

Wissen um Handlungsansätze und Hilfestrukturen in diesen Situationen
8. Professionsethische Reflexivität, menschenrechtsorientiertes Mandatsverständnis und pädagogische Fachlichkeit, Lebenslage- und Lebensweltorientierung, Konfliktfähigkeit und reflektierte Parteilichkeit
9. Kompetenzen im Bereich professioneller Konzeption, Evaluation und Dokumentation
10. Kompetenzen in der partizipativen, empowerment- und inklusionsorientierten Arbeit
11. Kenntnisse über Handlungskonzepte Sozialer Arbeit, Fähigkeit des methodischen Handelns in der Beratung, Begleitung, Gemeinwesenarbeit sowie sozialräumlichen Arbeit, Koordinations- und Kooperationsfähigkeit
12. Neben diesen in einem Studium der Sozialen Arbeit erworbenen Wissensbeständen und Fähigkeiten, Kenntnissen und Kompetenzen können weitere Kompetenzen wie z. B. Mehrsprachigkeit sehr hilfreich sein. Hierbei ist allerdings zu beachten, dass auch mehrsprachige Sozialarbeiter_innen keine Sprachmittler_innen sind, ebenso wie Sprachmittler_innen keine Sozialarbeiter_innen sind.«

(Initiative Hochschullehrender, 2016, S. 9 f.)

6.7 Das Menschenrechtsmandat in der Sozialen Arbeit in Sammelunterkünften

Wie bereits ausführlich dargestellt, bewegen sich Sozialarbeitende in der Arbeit mit Menschen in Sammelunterkünften in einem äußerst vulnerablen Rahmen. Die Bewohner*innen erleben die Auswirkungen der totalen Institution und damit Verletzungen oder Beschneidungen ihrer Menschenrechte. Sozialarbeitende selbst bewegen sich in der ständigen Gefahr, Menschenrechte im Rahmen ihrer Tätigkeit zu verletzen (Muy, 2018; Prasad, 2018b). Das Bewusstsein darum birgt Verantwortung und die Möglichkeit, sich aktiv zu bemühen, Menschenrechte zu wahren und einen professionellen Rahmen zu schaffen, mit dem Ziel eine parteilich-solidarische, rassismuskritische und empowernde Praxis anzuwenden (vgl. Eichinger u. Schäuble, 2018; Prasad, 2018b). Da insbesondere geflüchtete Menschen in vielerlei Hinsicht viktimisiert, d. h. in abhängige und prekäre Lebensumstände gebracht *werden,* ist der Fokus auf die Selbstermächtigung und größtmögliche Rückgewinnung ihrer Autonomie ein Kernziel sozialarbeiterischer Handlungen. Gerade für Menschen, die in Sammelunterkünften leben, kommt es verstärkt zu solchen Situationen, in denen Unrechtserfahrungen und Machtlosigkeit erlebt werden. Es liegt daher vor allem in der Verantwortung der Unterkunftsbetreibenden und der dort tätigen Sozialarbeitenden, solchen Situationen weitgehend entgegenzuwirken.

Beispiel aus der Praxis

Ein besonderes Dilemma aus professionsethischer Sicht ist, wie sich Sozialarbeitende in Abschiebeprozessen verhalten sollen, was im weiteren Sinne auch die sogenannte Rückkehrberatung einschließt. Ein Berater, der u. a. auch Sozialarbeitende in Sammelunterkünften berät, hebt hier die Bedeutung von umfassender Information über sämtliche Möglichkeiten bei Abschiebebedrohung hervor:

»Es war eine große Diskussion die Beteiligung [von Sozialarbeiter*innen, Anm. der Verf.] an Abschiebungsprozessen. Und Formulierungen, die wir gefunden haben, waren: ›Wir befähigen zur mündigen Entscheidung‹. Das heißt, wir informieren über alle Optionen, die Menschen haben. Und auch, wenn Illegalität sozusagen dazugehört

> oder Untertauchen, oder wann man verschwinden muss. Und ich habe genauso Kollegen erlebt, die Leute bei sich wohnen haben in den Einrichtungen, die da offiziell schon lange nicht mehr wohnen. Dann bewegen wir uns sozusagen in einem Rahmen der Illegalität. Aber, aus einer sozialarbeiterischen-ethischen Perspektive sehe ich das schon auch gedeckt. Und da kommen wir aber in einen Graubereich« (Brülke et al., 2019, S. 73).

Doch wieso ist der Bezug gerade auf Menschenrechte so grundlegend für Soziale Arbeit und speziell in diesem Kontext? Diese Frage lässt sich ansatzweise mit Silvia Staub-Bernasconi (2008) beantworten:

> »Gesellschafts- und kulturtheoretisch betrachtet sind die Menschenrechte, ihre historische und aktuelle Anrufung, ihre rechtliche Weiterentwicklung eine philosophische, religiöse, ethische und schließlich politisch-revolutionäre Antwort auf Unrechtserfahrungen und die Machtlosigkeit von Individuen wie Gruppierungen und sozialer Kategorien (Minderheiten), sich selber Recht zu verschaffen. […] Soziale Arbeit befasst sich fast ausschließlich mit Menschen, die man in der einschlägigen Literatur als vulnerable bezeichnet« (S. 12).

Diese Perspektive auf die Bedeutung von Menschenrechten gerade für Adressat*innen Sozialer Arbeit unterstreicht die Relevanz, sich im Praxisalltag bewusst an ihnen zu orientieren. Das bedeutet, dass professionelles Handeln zum einen *theoretisch* und zum anderen *ethisch* begründet sein muss (Staub-Bernasconi, 2018). Damit legt die Soziale Arbeit vor sich selbst Rechenschaft ab und ermöglicht eine »Differenzierung zwischen ›gesetzeskonform‹ und ethisch begründet […] menschenrechtskonform«

(Brülke et al., 2019, S. 91). Denn Gesetzeskonformität bedeutet nicht gleich die Orientierung am Wohlergehen von Adressat*innen, wie die historische Rückkopplung von Sozialer Arbeit in Deutschland zeigt: Soziale Arbeit bzw. die damalige »Volksfürsorge« beteiligte sich maßgeblich an der Ideologie und dem Faschismus der Nationalsozialisten und war damit »gesetzeskonform« an der systematischen Vernichtung von Menschen beteiligt (Brülke et al., 2019, vgl. auch DBSH, 2016, S. 19). Der staatliche Auftrag variiert mit der jeweiligen politischen Ausrichtung der Regierung. Aus diesen Gründen ist eine ständige Reflexion der Aufträge an Sozialarbeitende unabdingbar. Hier helfen Menschenrechte nicht nur als *Analyseinstrument* für die Lebenssituation von Adressat*innen, auch dienen sie als *Orientierung* in Mandatskonflikten (Prasad, 2018a).

Häufig sind Aufträge, wie etwa unangekündigte Zimmerkontrollen, oder eine andere Art der Sanktionierung nicht immer sofort theoretisch einzuordnen. Dann können Fragen nach der ethischen Vertretbarkeit oder anderen (menschenrechtlichen) Standards helfen.

Mögliche Fragen sind:
- Ist mein Auftrag vereinbar mit der Einhaltung der Menschenwürde?
- Ist er vereinbar mit anderen ethischen Standards und Menschenrechten, wie z. B. dem Recht auf Privatsphäre?
- Verletze ich mit dem Auftrag die Rechte meiner Adressat*innen?
- Welche Auswirkungen und Konsequenzen hat mein Auftrag auf und für meine Adressat*innen?
- Ist er *tatsächlich* an deren Wohl orientiert?
- Werden Adressat*innen durch die Ausführung des Auftrags diskriminiert?
- Wem dient überhaupt mein Auftrag?

Die Beantwortung dieser Fragen kann dabei durchaus zur Folge haben, dass ein Auftrag verweigert werden müsste. Auch dies bezieht Staub-Bernasconi in die konsequente Ausführung des Tripelmandats mit ein (vgl. auch Prasad, 2018a). Der Maxime folgend, »»nach bestem *Wissen* und *Gewissen*‹ zu handeln« (Staub-Bernasconi, 2018, S. 114), befähigt das Tripelmandat Sozialarbeitende also dazu, die an sie herangetragenen Aufträge – sowohl das staatliche Mandat, als auch das der Adressat*innen – kritisch zu hinterfragen. Sollte ein Auftrag aus der Perspektive des Tripelmandats abgelehnt werden, so geschieht dies begründet in einer professionellen, kritischen, theoretisch und ethisch fundierten Reflexion.

Allgemein wichtig bei der Ausrichtung nach dem Tripelmandat ist, dass es nicht im Widerspruch zum Auftrag der Adressat*innen steht, abgesehen von der Gefährdung Dritter (Prasad, 2018b). Um allgemein einer defizitären Sichtweise auf Adressat*innen in der Zusammenarbeit entgegenzuwirken, kann es helfen, sie als Co-Expert*innen der gemeinsamen Arbeit anzuerkennen. Dies soll u. a. ermöglichen, das Machtgefälle etwas zu reduzieren (Brülke et al., 2019).

Doch nicht nur die kritische Reflexion der Mandate ist notwendig. Insbesondere die eigene (Macht-)Position und die Rolle von Sozialarbeitenden, das eigene Handeln und die mögliche Beteiligung an (Menschen-)Rechtsverletzungen (Prasad, 2018a), können mithilfe des menschenrechtlichen Orientierungsrahmens reflektiert werden. Denn Sozialarbeitende, die sich so nah an und in der Lebenswelt ihrer Adressat*innen bewegen wie in einer Sammelunterkunft, sind teilweise Schlüsselfiguren in der aktuellen Lebenssituation von geflüchteten Personen – und dies in positiver sowie in negativer Hinsicht. Daher können die von Sozialarbeitenden je nach (un-)bewusster Haltung, professioneller Ausrichtung, Werte- und Orientierungsrahmen getroffenen Entscheidungen massive Auswirkungen auf die Situation und Perspektiven ihrer Adressat*innen haben. Als

Beispiel lässt sich an dieser Stelle die Forderung nach der Weitergabe von Abwesenheitszeiten in der Sammelunterkunft an behördliche Stellen anbringen, die Sanktionierungen wie z. B. Leistungskürzung zur Folge haben. Oder aber die Vorgabe Bayerns an Asylsozialberatungsstellen, geflüchtete Personen nicht mehr umfassend über die ihnen zustehenden demokratischen Rechte, vor allem über Rechtsmittel gegen Abschiebebescheide, zu beraten (Arbeitskreis Kritische Soziale Arbeit München, 2017). Sollte dem nicht gefolgt werden, droht der Entzug der finanziellen Förderung. Diese Geste unterstreicht die den Sozialarbeitenden innewohnende äußerst machtvolle Position und verlangt von ihnen ein höchst verantwortungsvolles, professionell-reflexives und machtanalytisches Agieren, orientiert an ethischen und menschenrechtlichen Standards.

Neben der Relevanz der parteilichen und solidarischen, menschenrechtsbasierten Sozialen Arbeit im Praxisalltag, kann das Verständnis eines dem dritten Mandat inhärenten politischen Mandats den Handlungsspielraum von Sozialarbeitenden erweitern: Soziale Arbeit in Sammelunterkünften ist eingebettet in ein (sozial-)politisches Gefüge. Politische Entscheidungen und Gesetze machen die Unterbringungsart und -weise möglich; Sozialarbeitende sind maßgeblich an deren Ausgestaltung beteiligt. Eine parteiliche und solidarische Haltung und das Menschenrechtsmandat in der Sozialen Arbeit können dabei den »Protest gegen das Nicht-Erfahren von Würde […] und den Versuch der Befreiung aus dieser menschenunwürdigen Situation« (Riegler, 2015, S. 119) bedeuten. So wäre es z. B. möglich, als Arbeitnehmer*innen die Arbeitgeber*innen (z. B. Wohlfahrtsverbände als Träger von Sammelunterkünften) auf konkrete Probleme in der Praxis hinzuweisen, die wiederum durch ihr gesellschaftspolitisches Gewicht öffentlich auf Missstände aufmerksam machen und Forderungen nach außen vertreten können. Auch wäre es

möglich, mit flüchtlingspolitischen NGOs, wie den Flüchtlingsräten oder Pro Asyl, zu kooperieren. An dieser Stelle greifen auch Menschenrechtsinstrumente, die durch die Ratifizierung bestimmter Menschenrechtskonventionen ermöglicht werden: Mit der passiven oder aktiven Nutzung des UN-Menschenrechtsschutzsystems ergeben sich fünf Möglichkeiten von Beschwerdeeinrichtungen, um Adressat*innen im Falle von Menschenrechtsverletzungen advokatorisch zu unterstützen (Prasad, 2018b):
1. die Individualbeschwerde,
2. Schattenberichte,
3. Untersuchungsverfahren,
4. die Anrufung von Sonderberichterstatter*innen,
5. die Beteiligung am Universal-Periodic-Review-Verfahren.

Die verschiedenen Verfahren nehmen unterschiedlich viel Zeit in Anspruch: Eine Individualbeschwerde ist etwa besonders zeit- und ressourcenintensiv, während die Beteiligung an Schattenberichten durch Dokumentationen während der alltäglichen Arbeit einfacher zu handhaben sind (Prasad, 2018b).

Auch die Vernetzung von Sozialarbeitenden, die mit Geflüchteten arbeiten, untereinander ist denkbar. So fordern die Kritische Soziale Arbeit aber auch die Radical Social Work aus dem anglophonen Raum eine stärkere Zusammenarbeit von Sozialarbeitenden miteinander, um sich für die Rechte von Adressat*innen einzusetzen (Brülke et al., 2019). Der Eintritt in eine Gewerkschaft wie den Deutschen Berufsverband für Soziale Arbeit e. V. (DBSH) oder die Gewerkschaft Erziehung und Wissenschaft (GEW) ermöglichen es, sich politisch aktiv für die Verbesserung der Lebensbedingungen von geflüchteten Menschen einzusetzen. Eine weitere Möglichkeit ist, in der Praxis mandatswidrige Aufträge zu verweigern. Weitere Formen der Ausführung des politischen Mandats bestünden im Whistle Blowing oder aber in Formen des politischen zivilen Ungehorsams (vgl. Prasad, 2018b). Natürlich muss hierbei bedacht werden, dass dies arbeitsrechtliche Konsequenzen haben kann, die unbedingt abgewogen werden müssen.

Andere Möglichkeiten des proaktiven Engagements bestünden darin, interne Veränderungen anzustreben, wie z. B. ethische und menschenrechtsorientierte Standards in Konzepte aufzunehmen und regelmäßige Schulungen zu spezifischen Themenbereichen zu initiieren, wie Menschenrechte, Berufsethik, Anti-Bias-Trainings, Traumapädagogik etc. Christiane Wahl (2018) schlüsselt als Sozialarbeiterin mit langjähriger Leitungserfahrung von Sammelunterkünften verschiedene dortige Handlungsfelder auf: Kinder- und Elternarbeit, asylrechtliche und (psycho)soziale Beratung und den Umgang mit Abschiebung, aber auch die Zusammenarbeit mit Ehrenamtlichen sowie dem Sicherheitsdienst. Sie bietet jeweils Beispiele für eine menschenrechtsorientierte Ausgestaltung und empfiehlt zudem, »in Kooperation mit der Leitung neben der Organisation der alltäglichen Abläufe vorrangig auch die Themenfelder Gewalt gegen Kinder – Kinderschutz, Gewalt gegen Frauen, Gewalt gegen LSBTI*, Gewalt zwischen Bewohner_innen und Gewalt durch das Umfeld/Rassismus im Blick zu haben bzw. damit zu arbeiten« (S. 304).

Die Liste der Möglichkeiten, eine gelingendere Praxis im Rahmen des Möglichen zu gestalten, lässt sich um ein Vielfaches erweitern. Wichtig ist hierbei, dass dies im Dialog mit Adressat*innen geschieht, orientiert an Menschenrechten und ethischen Standards. Doch der Gestaltungsrahmen Sozialer Arbeit in Sammelunterkünften ist aufgrund der in Kapitel 5 dargestellten Widersprüche äußerst beschränkt. Aus diesem Grund ist die Forderung nach alternativen Wohn- und Unterbringungskonzepten unumgänglich.

7 »No Lager!« – Abschließende Gedanken

Ulrike Eichinger und Barbara Schäuble (2018) werfen in ihrem Beitrag zu Sozialer Arbeit in Sammelunterkünften, treffend »Gestalten unter unmöglichen Bedingungen« genannt, sowohl die Frage auf, ob das Wirken einzelner Sozialarbeitender für die stark beschränkte Handlungsfähigkeit Geflüchteter überhaupt einen Unterschied machen kann, als auch die Frage, ob soziale Unterstützung in diesem Lebensumfeld, das politisch vor allem die Funktion der Abschreckung hat und in dem eine zermürbende Wirkung zumindest in Kauf genommen wird (vgl. Pieper, 2008), nicht selbst symbolische Funktionen hat. Eine Funktion könnte die Beruhigung der Öffentlichkeit sein, ähnlich wie Goffman (1973) schon darauf hingewiesen hat, dass die offiziellen Ziele totaler Institutionen dem tatsächlichen Handeln und Geschehen dort widersprechen. Zwar gehört es zu den berufspolitischen Fragen der Sozialen Arbeit, wie Sozialarbeitende ihren professionellen, humanitären Auftrag in Sammelunterkünften verwirklichen können (vgl. z. B. DRK-Generalsekretariat, 2016); Albert Scherr (2015) stellt jedoch berechtigterweise die Frage, inwiefern derlei professionspolitische Ziele und Konzepte nicht vorrangig der Selbstberuhigung dienen und letztlich zur Verschleierung der Lebens- und Arbeitsrealität in Sammelunterkünften beitragen. Soziale Arbeit agiert auf der Grundlage des geltenden Rechts, wobei in der nationalstaatlichen Flüchtlingspolitik Menschenrechte als nachrangig betrachtet werden, und Soziale Arbeit trägt letztlich zur Inklusion bzw. Exklusion von Geflüchteten und der staatlichen Regulierung der Fluchtmigration bei, weil sie – vor allem in Sammelunterkünften – abhängig ist von staatlichen Fördergeldern oder ihren Auftrag direkt von staatlichen Stellen erhält (Scherr, 2018).

Doch selbst wenn politische Forderungen nach einer Abschaffung der Sammelunterbringung, die unter dem Schlagwort »No Lager!« von verschiedenen NGOs und Selbstorganisationen (z. B. den Flüchtlingsräten, Women in Exile and Friends, The Voice Refugee Forum) vertreten werden, grundsätzlich mit wissenschaftlichen Analysen übereinstimmen (vgl. Brandmaier, 2019; Hess et al., 2018; Pieper, 2008), so stellen Sammelunterkünfte doch für sehr viele Geflüchtete derzeit (und angesichts der fortbestehenden politischen Bestrebungen zum weiteren Ausbau der zentralisierten Unterbringung auch die nächsten Jahre noch) die alltägliche Lebensrealität dar. All diese Menschen haben *jetzt* ein Recht auf eine kompetente Beratung und Betreuung. Ein Verständnis der eigenen beruflichen Rolle als Menschenrechtsprofession kann dabei helfen, dies reflektiert und parteilich umzusetzen. Eine menschenrechtsbasierte, parteiliche und traumasensible Soziale Arbeit orientiert sich, neben den professionstheoretischen und ethischen Grundsätzen, vorrangig an den Aufträgen, Bedürfnissen und am Unterstützungsbedarf der Adressat*innen. In dezentralen Unterbringungsstrukturen und bei einer weitgehenden Unabhängigkeit von den Behörden ließe sich dies viel stärker umsetzen. Zudem lässt sich davon ausgehen, dass durch die damit einhergehende Reduktion der in Kapitel 4 und 5 dargestellten Dynamiken und Widersprüche auch die Belastung der Sozialarbeitenden geringer wäre. Denn:

> »Sozialarbeiter_innen sind in der Arbeit mit geflüchteten Menschen in einem Feld tätig, das stark durch nicht erfüllte Bedürfnisse, durch Menschenrechtsverletzungen (vor, während und nach der Flucht) sowie durch

Unsicherheit geprägt ist. Soziale Arbeit mit geflüchteten Menschen wird in aller Regel unter de jure und de facto äußerst prekären und oft auch ungeregelten Bedingungen geleistet. Das Leben in Gemeinschaftsunterkünften führt zu mannigfaltigen physischen, psychischen, sozialen (u. a. Isolation, Stigmatisierung, Vertrauensbrüche trotz räumlicher Nähe) und organisatorischen Problemen, die teilweise erst dazu führen, dass Soziale Arbeit benötigt wird« (Initiative Hochschullehrender, 2016, S. 4).

Der weitere Ausbau eines niedrigschwelligen Beratungsangebots sowie eine weitere Öffnung der Regeldienste für die Belange von Asylsuchenden (Initiative Hochschullehrender, 2016) würde Abhängigkeiten von der Betreuung durch Sozialarbeitende reduzieren. Denn strukturell bedingte Abhängigkeiten von der Betreuung in Sammelunterkünften bergen die Gefahr, traumarelevante Gefühle von Ohnmacht und Hilflosigkeit zu reaktualisieren.

Die Heterogenität der Adressat*innen und die unterschiedliche Vulnerabilität (z. B. von Kindern oder traumatisierten Menschen) verlangt nach unterschiedlichen Angeboten bezüglich des Wohnens – von abgeschlossenen Wohneinheiten in Integrationshäusern über Wohngemeinschaften bis hin zu Privatwohnungen mit oder ohne ambulanter, aufsuchender Sozialer Arbeit (Brandmaier, 2019). Mit einem unsicheren Aufenthaltsstatus ist es ohnehin sehr schwierig, in der alltäglichen Lebensführung selbstbestimmt zu leben. Außerhalb von Sammelunterkünften zu wohnen, würde es Geflüchteten ermöglichen, sich wenigstens in der Sphäre des Privaten trotz eines unsicheren Aufenthaltsstatus als handlungsfähiges und gestaltendes Subjekt zu erleben.

Von sozialarbeiterischer Seite kann die Erweiterung von Handlungsfähigkeit unterstützt werden durch Interventionen, die im Sinne der Selbstbemächtigung und des Empowerments dazu befähigen, selbst soziale Zusammenhänge zu schaffen, und indem Prozesse der Selbstorganisation gefördert werden (vgl. Kleefeldt, 2018; Weiß, 2016a, 2016b). Es kann und soll durchaus auch eine genuine Aufgabe (psycho-)sozialer Arbeit sein, strategische Bündnisse auf höherer Ebene zur Veränderung von Strukturen anzuregen (Ziegler, 2008). So kann z. B. auf die Möglichkeit der Interessenvertretung und des politischen Engagements hingewiesen werden, etwa durch die Vernetzung mit anderen Menschen mit Fluchtgeschichte, mit migrantischen (Selbst)Organisationen etc. Auch aktiv Räume zur Begegnung zu schaffen und zu öffnen sowie Chancen zur Selbstorganisation zu geben, kann ein Weg sein, um Geflüchtete mehr Handlungsfähigkeit und Selbstbestimmung leben zu lassen. Der Gemeindepsychologe Heiner Keupp (1994) betont, wie wichtig es ist, dass psychosoziale Fachkräfte die solidarische Vernetzung ihrer Adressat*innen anregen und unterstützen:

> »Über selbstorganisierte Zusammenhänge kann die kollektive Handlungsfähigkeit als Voraussetzung gesellschaftlicher Emanzipation gefördert werden. Sie muss vor allem dort auch professionell gefördert werden, wo die soziale Handlungsfähigkeit von Menschen auf der Basis immer wieder erfahrener Machtlosigkeit und Abhängigkeit vom Gefühl der ›Demoralisierung‹ bedroht ist« (S. 16).

Literatur

Agier, M. (2016). Managing the undesirables. Refugee camps and humanitarian government (4th ed.). Cambridge: Polity Press.

Augé, M. (2014). Nicht-Orte (4. Aufl.). München: Beck.

Arbeitskreis Kritische Soziale Arbeit (2017). Wir sind Sozialarbeiter*innen und keine Abschiebehelfer*innen! Positionspapier vom 01.04.2017. Verfügbar unter: http://www.aks-muenchen.de/wp-content/uploads/AKSAbschiebehelferPositionspapier2.pdf [Zugriff am 29.05.2019].

Autor*innenkollektiv »Jugendliche ohne Grenzen« (2018). Zwischen Barrieren, Träumen und Selbstorganisation. Erfahrungen junger Geflüchteter. Göttingen: Vandenhoeck & Ruprecht.

Bauer, I. (2017). Unterbringung von Flüchtlingen in deutschen Kommunen: Konfliktmediation und lokale Beteiligung. Flucht: Forschung und Transfer. State-of-Research Papier 10. Osnabrück: IMIS – Institut für Migrationsforschung und Interkulturelle Studien. Verfügbar unter: https://flucht-forschung-transfer.de/wp-content/uploads/2017/05/IB-SoR-10-BAUER_Konfliktmediation-1.pdf [Zugriff am 29.05.2019].

Behrensen, B., Groß, V. (2004). Auf dem Weg in ein »normales Leben«? Eine Analyse der gesundheitlichen Situation von Asylsuchenden in der Region Osnabrück. Forschungsergebnisse des Teilprojekts »Regionalanalyse« im Rahmen der EQUAL-Entwicklungspartnerschaft. Osnabrück: Universität Osnabrück: FB Erziehungs- und Kulturwissenschaften.

Brandmaier, M. (2019). Angepasstes und widerständiges Handeln in der Lebensführung geflüchteter Menschen. Handlungsfähigkeit im Verhältnis zu Anerkennung und (psycho-)sozialer Unterstützung in österreichischen Sammelunterkünften. Weinheim: Beltz Juventa.

Brülke, K., Friedmann, L., Kohlbrenner, K. (2019). Zur Verortung von und dem Umgang mit Widersprüchen in der sozialarbeiterischen Praxis. Unveröffentlichte Masterthesis. Berlin: Katholische Hochschule Berlin.

Bundesregierung (2018). Ein neuer Aufbruch für Europa – Eine neue Dynamik für Deutschland – Ein neuer Zusammenhalt für unser

Land. Koalitionsvertrag zwischen CDU, CSU und SPD. 19. Legislaturperiode. Verfügbar unter: https://www.bundesregierung.de/resource/blob/975226/847984/5b8bc23590d4cb2892b31c98 7ad672b7/2018-03-14-koalitionsvertrag-data.pdf?download=1 [Zugriff am 21.05.2019].

Busch, A. Q., Eck, E., Eckhardt, D.-M., Eick, J., Gille, C., Giraldo, A., Gotter, Y., Weber, Th., Wolf, L. (2016). Handeln in Widersprüchen: Soziale Arbeit in Gemeinschaftsunterkünften für geflüchtete Menschen in Köln. Köln: Technische Hochschule Köln.

Cremer, H. (2014). Menschenrechtliche Verpflichtungen bei der Unterbringung von Flüchtlingen. Empfehlungen an die Länder, Kommunen und den Bund (Policy Paper Nr. 26). Berlin: Deutsches Institut für Menschenrechte. Verfügbar unter: http://www.institut-fuer-menschenrechte.de/fileadmin/_migrated/tx_commerce/Policy_Paper_26_Menschenrechtliche_Verpflichtungen_bei_der_Unterbringung_von_Fluechtlingen_01.pdf [Zugriff am 30.05.2019].

DBSH (2016). »Zur Verantwortung der Sozialen Arbeit im Dritten Reich«. FORUM sozial, 4, 19–21.

DRK-Generalsekretariat (2016). Konzept für die soziale Betreuung von Asylsuchenden in DRK-Aufnahmeeinrichtungen (Großeinrichtungen). Verfügbar unter: https://drk-wohlfahrt.de/uploads/tx_ffpublication/Konzept_Soziale_Betreuung_DRK_Aufnahmeeinrichtungen.pdf. [Zugriff am 24.05.2019].

Eichinger, U., Schäuble, B. (2018). Gestalten unter unmöglichen Bedingungen? Soziale Arbeit in Gemeinschaftsunterkünften. In N. Prasad (Hrsg.), Soziale Arbeit mit Geflüchteten. Rassismuskritisch, professionell, menschenrechtsorientiert (S. 274–299). Opladen/Toronto: Verlag Barbara Budrich.

Erath, P. (2006). Sozialarbeitswissenschaft. Eine Einführung. Stuttgart: Kohlhammer.

Europäisches Parlament (2019). Die Grundrechtecharta. Verfügbar unter: http://www.europarl.europa.eu/germany/de/europa-und-europawahlen/grundrechtecharta [Zugriff am 30.05.2019].

Fremuth, M.-L. (2015). Menschenrechte. Grundlagen und Dokumente. Bonn: Bundeszentrale für politische Bildung.

Gäbel, U., Ruf, M., Schauer, M., Odenwald, M., Neuner, F. (2006). Prävalenz der Posttraumatischen Belastungsstörung (PTSD) und Möglichkeiten der Ermittlung in der Asylverfahrenspraxis. Zeitschrift für Klinische Psychologie und Psychotherapie, 35 (1), 12–20.

Gahleitner, S. B. (2017). Soziale Arbeit als Beziehungsprofession. Bindung, Beziehung und Einbettung professionell ermöglichen. Weinheim/Basel: Beltz Juventa.

Gahleitner, S. B., Zimmermann, D., Zito, D. (2017). Psychosoziale und traumapädagogische Arbeit mit geflüchteten Menschen. Göttingen: Vandenhoeck & Ruprecht.

Geiger, D. (2016). Handlungsfähigkeit von geduldeten Flüchtlingen. Eine empirische Studie auf der Grundlage des Agency-Konzeptes. Wiesbaden: Springer VS.

Goffman, E. (1973). Asyle. Über die soziale Situation psychiatrischer Patienten und anderer Insassen. Frankfurt a. M.: Suhrkamp.

Gudd, L. (2013). Unterstützung von besonders schutzbedürftigen Flüchtlingen. Hrsg. v. Flüchtlingsrat Baden-Württemberg. Stuttgart. Verfügbar unter: https://fluechtlingsrat-bw.de/files/Dateien%20BIQ/Qualifizierung/Materialien/2013-12 %20Broschuere%20Besonders%20Schutzbeduerftige%20WEB.pdf [Zugriff am 13.05.2019].

Herriger, N. (2010). Empowerment in der Sozialen Arbeit. Eine Einführung (4., erw. u. aktual. Aufl.). Stuttgart: Kohlhammer.

Hess, S., Pott, A., Schamann, H., Scherr, A., Schiffauer, W. (2018). Welche Auswirkungen haben »Anker-Zentren«? Eine Kurzstudie für den Mediendienst Integration. Verfügbar unter: https://mediendienst-integration.de/fileadmin/Dateien/Expertise_Anker-Zentren_August_2018.pdf [Zugriff am 29.05.2019].

Honneth, A. (2012). Kampf um Anerkennung. Zur moralischen Grammatik sozialer Konflikte (7. Aufl.). Frankfurt a. M.: Suhrkamp.

Honneth, A., Pongs, A. (2009). Die gespaltene Gesellschaft. Axel Honneth im Gespräch mit Armin Pongs. In M. Basaure, J. P. Reemtsma, R. Willig (Hrsg.), Erneuerung der Kritik. Axel Honneth im Gespräch (S. 21–37). Frankfurt a. M./New York.: Campus.

Initiative Hochschullehrender zu Sozialer Arbeit in Gemeinschaftsunterkünften (2016). Positionspapier: Soziale Arbeit mit Geflüchteten in Gemeinschaftsunterkünften. Professionelle Standards und sozialpolitische Basis. Berlin. Verfügbar unter: http://www.fluechtlingssozialarbeit.de/ [Zugriff am 24.05.2019].

Johansson, S. (2015). Was wir über Flüchtlinge (nicht) wissen. Der wissenschaftliche Erkenntnisstand zur Lebenssituation von Flüchtlingen in Deutschland. Eine Expertise im Auftrag der Robert Bosch Stiftung und des SVR-Forschungsbereichs. Hrsg. v. Forschungsbereich beim Sachverständigenrat deutscher Stiftungen für Integration und Migration – SVR. Berlin: Robert Bosch Stiftung.

Keupp, H. (1994). Psychologisches Handeln in der Risikogesellschaft. Gemeindepsychologische Perspektiven. München: Quintessenz.

Kleefeldt, E. (2018). Resilienz, Empowerment und Selbstorganisation geflüchteter Menschen. Stärkenorientierte Ansätze und professionelle Unterstützung. Göttingen: Vandenhoeck & Ruprecht.

Kröger, C., Frantz, I., Friel, P., Heinrichs, N. (2016). Posttraumatische und depressive Symptomatik bei Asylsuchenden. Screening in einer Landesaufnahmestelle. PPmP – Psychotherapie · Psychosomatik · Medizinische Psychologie, 66 (9/10), 377–384.

Krueger, A. (2013). Flucht-Räume. Neue Ansätze in der Betreuung von psychisch belasteten Asylsuchenden. Frankfurt a. M.: Campus.

Lenz, A. (2011). Die Empowermentperspektive in der psychosozialen Praxis. In A. Lenz (Hrsg.), Empowerment. Handbuch für die ressourcenorientierte Praxis (S. 13–38). Tübingen: DGVT-Verlag.

Merbach, M. (2019). Sich irritieren lassen. Fremdheit und Befremden in der Arbeit mit geflüchteten Menschen. Göttingen: Vandenhoeck & Ruprecht.

Müller, A. (2013). Die Organisation der Aufnahme und Unterbringung von Asylbewerbern in Deutschland. Fokus-Studie der deutschen nationalen Kontaktstelle für das Europäische Migrationsnetzwerk (EMN). BAMF, Working Paper 55. Verfügbar unter: http://www.bamf.de/SharedDocs/Anlagen/DE/Publikationen/EMN/Studien/wp55-emn-organisation-und-aufnahme-asylbewerber.pdf?__blob=publicationFile [Zugriff am 29.05.2019].

Müller, A., Volkmann, U. E., Wiedemann, C. (2018). Soziale Arbeit mit geflüchteten Menschen in Not- und Gemeinschaftsunterkünften. Professionstheoretische Überlegungen und handlungsleitende Prämissen. In B. Blank, S. Gögercin, K. S. Sauer, B. Schramkowski (Hrsg.), Soziale Arbeit in der Migrationsgesellschaft. Grundlagen, Konzepte, Handlungsfelder (S. 563–574). Wiesbaden: Springer VS.

Muy, S. (2016a). Hilfe zwischen Abschreckung und Profit. PROKLA. Zeitschrift für Kritische Sozialwissenschaft, 46 (183), 229–244.

Muy, S. (2016b). Interessenkonflikte Soziale Arbeit in Sammelunterkünften gewerblicher Träger – Ergebnisse einer Fallstudie. Neue Praxis, Sonderheft 13: Flucht, Sozialstaat und Soziale Arbeit, 157–166.

Muy, S. (2016c). Wes' Essenspakete ich ausgeb', des' Lied ich sing? Über Abhängigkeiten Sozialer Arbeit im Kontext restriktiver Asyl-und Unterbringungspolitik. Widersprüche, (141), 63–71.

Muy, S. (2018). Mandatswidrige Aufträge an Soziale Arbeit in Sammelunterkünften für Geflüchtete. In N. Prasad (Hrsg.), Soziale

Arbeit mit Geflüchteten. Rassismuskritisch, professionell, menschenrechtsorientiert (S. 260–273). Opladen/Toronto: Verlag Barbara Budrich.

Osterkamp, U. (1996). Rassismus als Selbstentmächtigung. Texte aus dem Arbeitszusammenhang des Projektes Rassismus/Diskriminierung. Berlin: Argument-Verlag.

Ottomeyer, K. (2011). Die Behandlung der Opfer. Über unseren Umgang mit dem Trauma der Flüchtlinge und Verfolgten. Stuttgart: Klett-Cotta.

Ottomeyer, K. (2014a). Glück, Gesundheit, Identität. Psychologie und Psychotherapie zwischen Widerstand und Anpassung. In K.-J. Bruder, C. Bialluch, B. Lemke (Hrsg.), Machtwirkung und Glücksversprechen. Gewalt und Rationalität in Sozialisation und Bildungsprozessen (S. 441–458). Gießen: Psychosozial.

Ottomeyer, K. (2014b). Ökonomische Zwänge und menschliche Beziehungen. Soziales Verhalten und Identität im Kapitalismus und Neoliberalismus (2. Aufl.). Berlin/Münster: LIT.

Pieper, T. (2008). Die Gegenwart der Lager. Zur Mikrophysik der Herrschaft in der deutschen Flüchtlingspolitik. Münster: Westfälisches Dampfboot.

Pieper, T. (2011). Soziale Arbeit im Ausnahmezustand. Deutsche Flüchtlingslager als potentiell rechtsfreie Räume. Migration und Soziale Arbeit, 33 (2), 124–129.

Prasad, N. (2018a). Soziale Arbeit – Eine umstrittene Menschenrechtsprofession. In C. Spatscheck, C. Steckelberg (Hrsg.), Menschenrechte und Soziale Arbeit. Konzeptionelle Grundlagen, Gestaltungsfelder und Umsetzung einer Realutopie (S. 37–54). Opladen et al.: Verlag Barbara Budrich.

Prasad, N. (2018b). Statt einer Einführung: Menschenrechtsbasierte, professionelle und rassismuskritische Soziale Arbeit mit Geflüchteten. In N. Prasad (Hrsg.), Soziale Arbeit mit Geflüchteten. Rassismuskritisch, professionell, menschenrechtsorientiert (S. 9–29). Opladen/Toronto: Verlag Barbara Budrich.

Pro Asyl (2015). »In keinem Moment hab ich mich frei gefühlt« – Interview zum Leben im »Flüchtlingsheim«. Verfügbar unter: https://www.proasyl.de/hintergrund/in-keinem-moment-frei/ [Zugriff am 24.05.2019].

Pro Asyl (2017). Ein Leben ohne Privatsphäre? Sammelunterbringung darf nicht zum Dauerzustand werden! Verfügbar unter: https://www.proasyl.de/news/ein-leben-ohne-privatsphaere-sammelunterbringung-darf-nicht-zum-dauerzustand-werden/ [Zugriff am 29.05.2019].

Pro Asyl (2019). Stellungnahme zum Entwurf eines Zweiten Gesetzes zur besseren Durchsetzung der Ausreisepflicht (Geordnete-Rückkehr-Gesetz) vom 15.04.2019. Verfügbar unter: https://www.proasyl.de/wp-content/uploads/PRO-ASYL_Stellungnahme-zum-Geordnete-R%C3 %BCckkehr-Gesetz.pdf [Zugriff am 05.06.2019].

Rabe, H. (2015). Effektiver Schutz vor geschlechtsspezifischer Gewalt – auch in Flüchtlingsunterkünften (Policy Paper Nr. 32). Berlin: Deutsches Institut für Menschenrechte. Verfügbar unter https://www.institut-fuer-menschenrechte.de/fileadmin/user_upload/Publikationen/Policy_Paper/Policy_Paper_32_Effektiver_Schutz_vor_geschlechtsspezifischer_Gewalt.pdf [Zugriff am 24.05.2019].

Riegler, A. (2015). Partizipation ist ohne Anerkennung nicht denkbar. soziales_kapital. wissenschaftliches journal österreichischer fachhochschul-studiengänge soziale arbeit, 14, 112–128.

Ronte, L. (2018). Asylantrag gestellt: Was dann? Rechtliche Grundlagen und Praxishinweise zum Asylverfahren und zur Familienzusammenführung. Göttingen: Vandenhoeck & Ruprecht.

Rössel-Čunović, M. (2018). Hilfe ohne Grenzen? Gesundheitsressourcen erhalten in der psychosozialen Begleitung von Geflüchteten. Göttingen: Vandenhoeck & Ruprecht.

Schader, M., Rohmann, T., Münch, S. (2018). Isolation im Gesetz verankern? Zu den Plänen der großen Koalition, zentrale Aufnahme-, Entscheidungs- und Rückführungseinrichtungen einzuführen. Z'Flucht – Zeitschrift für Flüchtlingsforschung, 2 (1), 91–107. Verfügbar unter: https://www.mpisoc.mpg.de/1305018/Z_Flucht-2018_-Heft-1_-S_-91-107.pdf [Zugriff am 29.05.2019].

Scherr, A. (2011). Was meint Diskriminierung? Sozial Extra, 11/12, 34–38.

Scherr, A. (2015). Soziale Arbeit mit Flüchtlingen. Sozial Extra, 39 (4), 16–19.

Scherr, A. (2018). Flüchtlinge, Staatsgrenzen und Soziale Arbeit. In R. Anhorn, E. Schimpf, J. Stehr, K. Rathgeb, S. Spindler, R. Keim (Hrsg.), Politik der Verhältnisse – Politik des Verhaltens. Widersprüche der Gestaltung Sozialer Arbeit. Dokumentation Bundeskongress Soziale Arbeit in Darmstadt 2015 (S. 213–230). Wiesbaden: Springer VS.

Schillings, R., Märtens, M. (2015). Das Leverkusener Modell. Unterbringung von Flüchtlingen in der Stadt Leverkusen. Stand vom 01.01.2015. Verfügbar unter: https://www.deutscher-verein.de/de/uploads/vam/2015/doku/f-9903-15/das_leverkusener_modell.pdf [Zugriff am 28.05.2019].

Schroeder, J. (2003). Der Flüchtlingsraum als ein »totaler Raum«. Bildungsinstitutionen und ihre Grenzen. In U. Neumann, H. Niedrig, J. Schroeder, L. H. Seukwa (Hrsg.), Lernen am Rande der Gesellschaft. Bildungsinstitutionen im Spiegel von Flüchtlingsbiografien (S. 379–396). Münster: Waxmann.

Schulze, H., Kühn, M. (2012). Traumaarbeit als institutionelles Konzept: Potenziale und Spannungsfelder. In H. Schulze, U. Loch, S. B. Gahleitner (Hrsg.), Soziale Arbeit mit traumatisierten Menschen. Plädoyer für eine Psychosoziale Traumatologie (S. 166–185). Baltmannsweiler: Schneider Hohengehren.

Senatsverwaltung für Integration, Arbeit und Soziales, Der Beauftragte für Integration und Migration (Hrsg.) (2018). Leitfaden zur Identifizierung von besonders schutzbedürftigen Geflüchteten in Berlin. Verfügbar unter: https://www.berlin.de/laf/leistungen/dateiablage/leitfaden_schutzeduerftige_gefluechtete.pdf [Zugriff am 29.05.2019].

Staub-Bernasconi, S. (2008). Menschenrechte in ihrer Relevanz für die Soziale Arbeit als Theorie und Praxis, oder: Was haben Menschenrechte überhaupt in der Sozialen Arbeit zu suchen? Widersprüche, 107, 9–32.

Staub-Bernasconi, S. (2016). Macht und (kritische) Soziale Arbeit. In B. Kraus, W. Krieger (Hrsg.), Macht in der Sozialen Arbeit – Interaktionsverhältnisse zwischen Kontrolle, Partizipation und Freisetzung (4. Aufl., S. 395–424). Lage: Jacobs Verlag.

Staub-Bernasconi, S. (2018). Soziale Arbeit als Handlungswissenschaft – Soziale Arbeit auf dem Weg zu kritischer Professionalität (2. Aufl.). Opladen/Toronto: Verlag Barbara Budrich.

Stemberger, V., Katsivelaris, N., Zirkowitsch, M. (2014). Soziale Arbeit in der Grundversorgung. Eine Skizze zur Bedeutung der organisierten Desintegration. soziales_kapital. wissenschaftliches journal österreichischer fachhochschul-studiengänge soziale arbeit, 12, 31–46. Verfügbar unter http://www.soziales-kapital.at/index.php/sozialeskapital/article/viewFile/342/587.pdf [Zugriff am 24.05.2019].

Stingl, M. (2014). Die Anwendung von Screening-Verfahren für Traumafolgen im Asylverfahren. In P. Tiedemann, J. Gieseking (Hrsg.), Flüchtlingsrecht in Theorie und Praxis. 5 Jahre Refugee Law Clinic an der Justus-Liebig-Universität Gießen (S. 150–165). Baden-Baden: Nomos.

Sue, D. W. (2010). Microaggressions in everyday life. Race, gender, and sexual orientation. Hoboken, N.J: Wiley.

Täubig, V. (2009). Totale Institution Asyl. Empirische Befunde zu alltäglichen Lebensführungen in der organisierten Desintegration. Weinheim: Juventa.

Thielen, M. (2009). Wo anders leben? Migration, Männlichkeit und Sexualität; biografische Interviews mit iranischstämmigen Migranten in Deutschland. Münster et al.: Waxmann.

Wahl, C. (2018). Möglichkeiten und Grenzen einer menschenrechtsbasierten Sozialen Arbeit in Unterkünften für Geflüchtete. In N. Prasad (Hrsg.), Soziale Arbeit mit Geflüchteten. Rassismuskritisch, professionell, menschenrechtsorientiert (S. 300–316). Opladen/Toronto: Verlag Barbara Budrich.

Weiß, W. (2016a). Die Pädagogik der Selbstbemächtigung. Eine Einführung. In W. Weiß, T. Kessler, S. B. Gahleitner (Hrsg.), Handbuch Traumapädagogik (S. 93–105). Weinheim: Beltz Juventa.

Weiß, W. (2016b). Die Pädagogik der Selbstbemächtigung. Eine traumapädagogische Methode. In W. Weiß, T. Kessler, S. B. Gahleitner (Hrsg.), Handbuch Traumapädagogik (S. 290–302). Weinheim: Beltz Juventa.

Weiß, W., Kessler, T., Gahleitner, S. B. (Hrsg.) (2016). Handbuch Traumapädagogik. Weinheim/Basel: Beltz.

Wendel, K. (2014). Unterbringung von Flüchtlingen in Deutschland. Regelungen und Praxis der Bundesländer im Vergleich. Verfügbar unter: https://www.proasyl.de/wp-content/uploads/2014/09/Laendervergleich_Unterbringung_2014-09-23_02.pdf [Zugriff am 05.06.2019].

Ziegler, H. (2008). Soziales Kapital und agency. In H. G. Homfeldt, W. Schröer, C. Schweppe (Hrsg.), Vom Adressaten zum Akteur. Soziale Arbeit und Agency (S. 83–106). Opladen/Farmington Hills: Barbara Budrich.

Abkürzungsverzeichnis

AE	Aufnahmeeinrichtung
AEMR	Allgemeine Erklärung der Menschenrechte
AnkER-Zentrum	Zentren für Ankunft, Entscheidung und Rückführung
AsylG	Asylgesetz
AsylbLG	Asylbewerberleistungsgesetz
AufenthG	Aufenthaltsgesetz
BAMF	Bundesamt für Migration und Flüchtlinge
BumF	Bundesfachverband unbegleitete minderjährige Flüchtlinge e. V.
CAT	Übereinkommen gegen Folter und andere grausame, unmenschliche oder erniedrigende Behandlung oder Strafe
CEDAW	Übereinkommen zur Beseitigung jeder Form von Diskriminierung der Frau
CERD	Internationales Übereinkommen zur Beseitigung jeder Form von rassistischer Diskriminierung
CRC	Kinderrechtskonvention
CRPD	Übereinkommen über die Rechte von Menschen mit Behinderungen
DBSH	Deutscher Berufsverband für Soziale Arbeit e. V.
DGSA	Deutsche Gesellschaft für Soziale Arbeit
EAE	Erstaufnahmeeinrichtungen

Abkürzungsverzeichnis

EASY	Erstverteilung von Asylsuchenden
EMRK	Europäische Menschenrechtskonvention
GEAS	Gemeinsames Europäisches Asylsystem
GEW	Gewerkschaft Erziehung und Wissenschaft
GFK	Genfer Flüchtlingskonvention, »Abkommen über die Rechte der Flüchtlinge«
GU	Gemeinschaftsunterkunft
ICCPR	Internationaler Pakt über bürgerliche und politische Rechte, auch Zivilpakt genannt
ICESCR	Internationaler Pakt über wirtschaftliche, soziale und kulturelle Rechte, auch Sozialpakt genannt
ICRMW	Übereinkommen zum Schutz der Rechte aller Wanderarbeiter und ihrer Familienangehörigen
IFSW	International Federation of Social Work
LAE	Landesaufnahmeeinrichtung
LEA	Landeserstaufnahmeeinrichtung
LSBTIQ	Lesbische, schwule, bisexuelle, transsexuelle, transgender, intersexuelle und queere Menschen
MSA	Haager Minderjährigenschutzabkommen
MUF	Modulare Unterkünfte für Flüchtlinge
NASW	National Association of Social Work
NGO	Non-governmental organization, Nichtregierungsorganisation
NU	Notunterkünfte
SGB	Sozialgesetzbuch
StGB	Strafgesetzbuch
UN	United Nations, Vereinte Nationen
ZUE	Zentrale Unterbringungseinrichtung